Übungen

1 Findest du alle neun Märchen im Bild? Umk …rchenelemente.
Wähle für jedes Märchen eine andere Farbe.

2 Verbinde jedes Zitat mit dem dazu passenden Märchen.

„Heute back ich, morgen brat ich, übermorgen hol ich der Königin ihr Kind."	Rotkäppchen
„Ei, Großmutter, was hast du für große Augen?"	Schneewittchen und die 7 Zwerge
„Spieglein, Spieglein an der Wand, wer ist die Schönste im ganzen Land?"	Hänsel und Gretel
„Knusper, knusper, Knäuschen, wer knuspert an meinem Häuschen?"	Rumpelstilzchen

Lösungen

1

© Claudia Bichler

Enthaltene Märchen:

- Der gestiefelte Kater
- Der Wolf und die sieben Geißlein
- Schneewittchen und die 7 Zwerge
- Dornröschen
- Frau Holle
- Rotkäppchen
- Aschenputtel
- Rapunzel
- Hänsel und Gretel

2

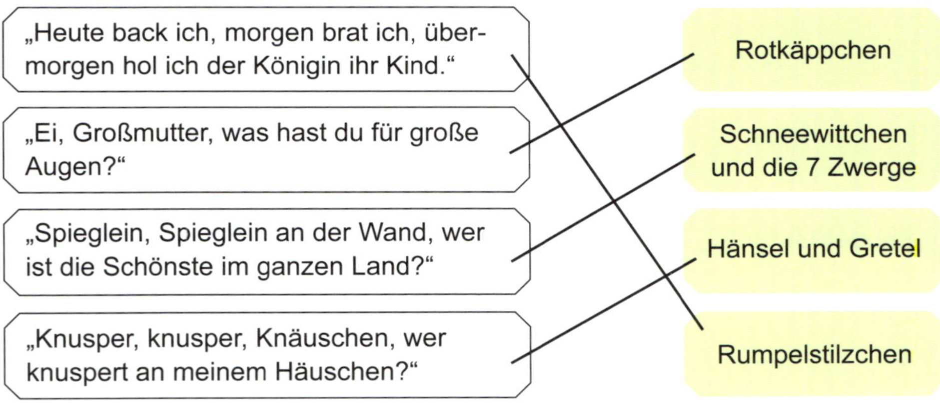

Lesen – Märchen

Merkmale	Beispiele
Inhaltliche Besonderheiten	
• Aufeinandertreffen von Gegensätzen	*gut – böse, arm – reich*
• zauberhafte Elemente	*Zauberei, Flüche*
• keine genauen Angaben zu Zeit und Ort	
• besondere Bedeutung von magischen Zahlen	*3, 7, 13 (z.B. die **7** Zwerge)*
Sprachliche Besonderheiten	
• Sprüche, Lieder und Verse	*Rucke di guh, Blut ist im Schuh!*
• Zeitform: Präteritum	
• märchentypische Formulierungen	*Es war einmal …*
• altertümliche Ausdrücke	*zaudern, garstig*
Figuren im Märchen	
• Held/Heldin: muss häufig eine Prüfung bestehen bzw. eine Aufgabe erledigen	
• Fantasiefiguren	*Hexe, Riese, Fee*
• Tiere mit menschlichen Eigenschaften (können sprechen, haben Gefühle)	*böser Wolf in Rotkäppchen*
• Figuren meist ohne individuelle Eigenschaften	*kein Name, keine genaue Beschreibung der Figur*
Bekannte Vertreter/Autoren	
• Gebrüder Grimm	*Froschkönig, Rapunzel*
• Hans-Christian Andersen	*Däumelinchen*

Typischer Märchenaufbau

Märchenanfang ► **Märchenhandlung** ► **Märchenende**

Märchenanfang
schwierige Ausgangssituation (z.B. Armut, Unglück, Pech)

Märchenhandlung
Figuren müssen Hindernisse überwinden (z.B. Rätsel, Mutprobe)

Märchenende
glücklicher Ausgang (Belohnung des Guten, Bestrafung des Bösen)

Aufgepasst ...

Neben den klassischen Märchen gibt es **moderne Märchen**. Auch diese enthalten meist typische Märchenmerkmale, sie spielen allerdings in unserer modernen Welt. So kann es sein, dass in einem modernen Märchen Gegenstände wie Smartphones, Flugzeuge oder Gummibärchen auftauchen.

3 Lies das Märchen „Die Sterntaler“ laut vor und betone die wörtliche Rede richtig, denn nur so wird das Märchen lebendig.

Die Sterntaler

von den Gebrüdern Grimm

Es war einmal ein kleines Mädchen, dem war Vater und Mutter gestorben, und es war so arm, dass es kein Kämmerchen mehr hatte, darin zu wohnen, und kein Bettchen mehr hatte, darin zu schlafen, und endlich gar nichts mehr als die Kleider auf dem Leib und ein Stückchen Brot in der Hand, das ihm ein mitleidiges Herz geschenkt hatte. Es war aber gut und fromm. Und weil es so von aller Welt verlassen war, ging es im Vertrauen auf den lieben Gott hinaus ins Feld. Da begegnete ihm ein armer Mann, der sprach: „Ach, gib mir etwas zu essen, ich bin so hungerig.“ Es reichte ihm das ganze Stückchen Brot und sagte: „Gott segne dir's“, und ging weiter. Da kam ein Kind, das jammerte und sprach: „Es friert mich so an meinem Kopfe, schenk mir etwas, womit ich ihn bedecken kann.“ Da tat es seine Mütze ab und gab sie ihm. Und als es noch eine Weile gegangen war, kam wieder ein Kind und hatte kein Leibchen an und fror: da gab es ihm seins; und noch weiter, da bat eins um ein Röcklein, das gab es auch von sich hin. Endlich gelangte es in einen Wald, und es war schon dunkel geworden, da kam noch eins und bat um ein Hemdlein, und das fromme Mädchen dachte: „Es ist dunkle Nacht, da sieht dich niemand, du kannst wohl dein Hemd weggeben“, und zog das Hemd ab und gab es auch noch hin. Und wie es so stand und gar nichts mehr hatte, fielen auf einmal die Sterne vom Himmel, und waren lauter blanke Taler; und ob es gleich sein Hemdlein weggegeben, so hatte es ein neues an, und das war vom allerfeinsten Linnen. Da sammelte es sich die Taler hinein und war reich für sein Lebtag.

Quelle: Brüder Grimm: Kinder- und Hausmärchen Bd. 2. Dietrich Verlag. Göttingen 1857, S. 285

4 Male die Sprechblase, in der das Märchen der Gebrüder Grimm richtig und vollständig zusammengefasst ist, farbig aus.

Das Märchen „Die Sterntaler“ handelt von einer jungen Prinzessin, die gute Taten vollbringt und dafür mit Goldtalern belohnt wird.

Das Märchen „Die Sterntaler“ handelt von einem Mädchen, welches armen Leuten seine Kleider überlässt und dafür schließlich mit silbernen Talern belohnt wird.

Das Märchen „Die Sterntaler“ handelt von einem armen Mädchen, das mehreren bedürftigen Menschen seine Kleider überlässt. Dafür wird es mit Goldtalern, die von den Bäumen fallen, belohnt.

Das Märchen „Die Sterntaler“ handelt von einem armen Waisenmädchen, welches bedürftigen Menschen hilft, indem es ihnen seine Kleider und sein Essen überlässt. Daraufhin fallen die Sterne als Taler vom Himmel und das Mädchen ist reich bis zu seinem Lebensende.

5 ★ Teile das Märchen nach dem typischen Märchenaufbau ein und notiere für jeden Abschnitt die entsprechenden Zeilen.

Märchenanfang	Zeile 1 –

Lösungen

4

Das Märchen „Die Sterntaler“ handelt von einer jungen Prinzessin, die gute Taten vollbringt und dafür mit Goldtalern belohnt wird.

Das Märchen „Die Sterntaler“ handelt von einem Mädchen, welches armen Leuten seine Kleider überlässt und dafür schließlich mit silbernen Talern belohnt wird.

Das Märchen „Die Sterntaler“ handelt von einem armen Mädchen, das mehreren bedürftigen Menschen seine Kleider überlässt. Dafür wird es mit Goldtalern, die von den Bäumen fallen, belohnt.

Das Märchen „Die Sterntaler“ handelt von einem armen Waisenmädchen, welches bedürftigen Menschen hilft, indem es ihnen seine Kleider und sein Essen überlässt. Daraufhin fallen die Sterne als Taler vom Himmel und das Mädchen ist reich bis zu seinem Lebensende.

5 ★

Märchenanfang	Zeile 1 – 7
Märchenhandlung	Zeile 8 – 25
Märchenende	Zeile 25 – 30

6 Ergänze die fehlenden Märchenmerkmale, die im Märchen „Die Sterntaler“ vorkommen.

Märchenmerkmale „Die Sterntaler“

altertümliche Wörter

z. B. ____________________

____

____

märchentypische Wendungen

____

____

Autoren

____

____

armes Mädchen, das selbstlos handelt, indem es seine Kleidung verschenkt (besteht dadurch seine Aufgabe)

Zeitform

____

Ort und Zeit

____

____

zauberhafte Elemente

____

____

7 Schreibe nun ein eigenes kurzes Märchen auf ein Blatt. Versuche, möglichst viele Märchenmerkmale einzubauen und lies das Märchen anschließend einem Freund/einer Freundin oder deinen Eltern laut vor.

Lösungen

6

Märchenmerkmale „Die Sterntaler“

märchentypische Wendungen
Es war einmal […]
[…] war reich für sein Lebtag.

altertümliche Wörter
z.B. fromm, hungerig, Linnen, Lebtag

Figur der Heldin
armes Mädchen, das selbstlos handelt, indem es seine Kleidung verschenkt (besteht dadurch seine Aufgabe)

Autoren
Gebrüder Grimm

Zeitform
Präteritum

Ort und Zeit
keine genauen Angaben

zauberhafte Elemente
Sterntaler fallen vom Himmel

7 *Individuelle Lösung*

Nomen / Substantiv / Hauptwort

- wird immer großgeschrieben
- hat meistens einen Begleiter (z.B. bestimmter Artikel, unbestimmter Artikel)
- Nomen bezeichnen:
  - **Lebewesen** (z.B. Schüler, Hund, Blume)
  - **Gegenstände** (z.B. Ball, Auto, Telefon)
  - **Begriffe**, die man nicht berühren/greifen kann (z.B. Liebe, Freude)

Numerus (grammatische Zahl)

Der Numerus gibt an, ob von **einem** Gegenstand oder Lebewesen die Rede ist oder von **mehreren**. Man unterscheidet:

- **Singular** (Einzahl), z.B. der Schmetterling
- **Plural** (Mehrzahl), z.B. die Schmetterlinge

Genus (grammatisches Geschlecht)

Der Artikel, der vor dem Nomen steht, zeigt dir an, welches grammatische Geschlecht das Nomen hat.

- **Maskulinum** (männliches Nomen), z.B. der Esel
- **Femininum** (weibliches Nomen), z.B. die Biene
- **Neutrum** (sächliches Nomen), z.B. das Datum

Kasus (Fall)

Als Kasus werden die vier Fälle bezeichnet. Der Kasus bestimmt die Form des Artikels und die Endung des Nomens.

Kasus	Frage	Beispiel
1. Fall: Nominativ	Wer oder was?	**Der Schüler** versteht die Grammatik.
2. Fall: Genitiv	Wessen?	Die Schrift **des Schülers** ist schön.
3. Fall: Dativ	Wem?	Das Heft gehört **dem Schüler**.
4. Fall: Akkusativ	Wen oder was?	Der Lehrer begrüßt **den Schüler**.

Aufgepasst ...

Viele Nomen kannst du an ihrer typischen **Nomenendung** erkennen. Wörter mit einer der folgenden Endungen sind Nomen:

-heit (z.B. Frei**heit**, Faul**heit**)

-keit (z.B. Freundlich**keit**, Müdig**keit**)

-ling (z.B. Feig**ling**, Fäust**ling**)

-nis (z.B. Verhält**nis**, Ärger**nis**)

-schaft (z.B. Feind**schaft**, Wirt**schaft**)

-tum (z.B. Reich**tum**, Brauch**tum**)

-ung (z.B. Spann**ung**, Enttäusch**ung**)

Übrigens: Mithilfe dieser Endungen kannst du auch aus vielen Adjektiven ganz leicht Nomen machen.

Beispiele: faul ▶ Faulheit

müde ▶ Müdigkeit

1 Findest du die Nomen im Klappentext des Buches „Vorstadtkrokodile“? Unterstreiche alle Nomen. Schreibe sie mit dem richtigen bestimmten Artikel in ihrer Grundform (Nominativ, Singular) in die Tabelle und bestimme ihr Genus.

„Nicht betreten!“ steht an der verlassenen Ziegelei, dem Geheimquartier der „Krokodile“. Wer zur Bande gehören will, muss eine gefährliche Mutprobe bestehen und gut Rad fahren können. Aber was soll Kurt tun, der im Rollstuhl sitzt? Da macht Kurt mit seinem Fernglas eine Beobachtung – und beweist, dass er mindestens genauso viel Mut hat wie die anderen. Nur eben auf eine besondere Weise.

VORSTADT KROKODILE

ARTIKEL	NOMEN	GENUS

Lösungen

1 „Nicht betreten!“ steht an der verlassenen Ziegelei, dem Geheimquartier der „Krokodile“. Wer zur Bande gehören will, muss eine gefährliche Mutprobe bestehen und gut Rad fahren können. Aber was soll Kurt tun, der im Rollstuhl sitzt? Da macht Kurt mit seinem Fernglas eine Beobachtung – und beweist, dass er mindestens genauso viel Mut hat wie die anderen. Nur eben auf eine besondere Weise.

Verändert nach: Max von der Grün: Vorstadtkrokodile. cbj Verlag. München 2006, Klappentext

ARTIKEL	**NOMEN**	**GENUS**
die	Ziegelei	Femininum
das	Geheimquartier	Neutrum
das	Krokodil	Neutrum
die	Bande	Femininum
die	Mutprobe	Femininum
das	Rad	Neutrum
(der)	Kurt	Maskulinum
der	Rollstuhl	Maskulinum
das	Fernglas	Neutrum
die	Beobachtung	Femininum
der	Mut	Maskulinum
die	Weise	Femininum

2 a) Entscheide für die folgenden Nomen jeweils ob sie im Singular (S) oder im Plural (P) stehen. Kreuze die richtige Antwort an.

Ziegelei [S][P] Quartier [S][P] Ganoven [S][P] Rollstuhl [S][P]

Vorstadtkrokodile [S][P] Mutprobe [S][P] Polizisten [S][P]

b) Möchtest du wissen, wie viele Mitglieder die „Krokodile“ haben? Sieh dir deine Antworten aus Aufgabe 2a noch einmal an. Für jedes Nomen, das im Singular steht, addierst du ein Mitglied, für jedes Nomen im Plural zwei. So erhältst du die genaue Mitgliederzahl der Bande.
Die Bande der „Vorstadtkrokodile“ besteht aus ________ Mitgliedern.

3 ★ Gib für jedes unterstrichene Wort/jede Wortgruppe die Kasusfrage und den dazu passenden Kasus an.

Beispiel: „Du traust dich ja doch nicht! Du Angsthase!“, rief Olaf.
Kasusfrage: Wer oder was rief? Kasus: Nominativ

a) Und die Krokodile riefen im Chor: „Traust dich nicht! Traust dich nicht!“

Kasusfrage: ______________________________

Kasus: ______________________________

b) „Los! Weiter! Kletter doch auf das Dach“, rief Olaf.

Kasusfrage: ______________________________

Kasus: ______________________________

c) Maria sagte leise zu ihrem Bruder: „Lass ihn runterkommen. Er wird abstürzen.“

Kasusfrage: ______________________________

Kasus: ______________________________

d) In diesem Moment fing Hannes plötzlich an zu rutschen und konnte sich nur mithilfe eines blitzartigen Reflexes noch festhalten.

Kasusfrage: ______________________________

Kasus: ______________________________

Lösungen

2 a) Ziegelei ☒S ☐P Quartier ☒S ☐P Ganoven ☐S ☒P Rollstuhl ☒S ☐P
Vorstadtkrokodile ☐S ☒P Mutprobe ☒S ☐P Polizisten ☐S ☒P

b) Die Bande der „Vorstadtkrokodile" besteht aus **10** Mitgliedern.

3 ★ a) Und <u>die Krokodile</u> riefen im Chor: „Traust dich nicht! Traust dich nicht!"

Kasusfrage: **Wer oder was** rief im Chor?

Kasus: Nominativ

b) „Los! Weiter! Kletter doch auf <u>das Dach</u>", rief Olaf.

Kasusfrage: Auf **wen oder was** klettert er?

Kasus: Akkusativ

c) Maria sagte leise zu <u>ihrem Bruder</u>: „Lass ihn runterkommen. Er wird abstürzen."

Kasusfrage: Zu **wem** sagte Maria etwas?

Kasus: Dativ

d) In diesem Moment fing Hannes plötzlich an zu rutschen und konnte sich nur mithilfe <u>eines blitzartigen Reflexes</u> noch festhalten.

Kasusfrage: Mit **wessen** Hilfe konnte Hannes sich festhalten?

Kasus: Genitiv

Quelle: Max von der Grün: Vorstadtkrokodile. cbj Verlag. München 2006, S. 13/14

4 Bestimme für jedes unterstrichene Nomen Genus, Numerus und Kasus.

Tipp: Bei der Bestimmung des Genus orientierst du dich immer an der Singularform des Nomens.

Aber Hannes kletterte schon von der Leiter über die Dachrinne auf das Dach (Neutrum, Singular, Akkusativ) [...]. Endlich war er am First[1] angekommen. Hannes keuchte, er ruhte sich ein paar Minuten auf dem Bauch ______ liegend aus, dann setzte er sich vorsichtig auf, hob beide Arme ______ und rief: „Krokodil! Krokodil! Ich hab es geschafft!" Die Krokodile ______ unten auf dem Hof riefen zurück: „Du bist aufgenommen! Hurra! Milchstraße, komm runter! Du bist aufgenommen!" Und Olaf rief noch: „Das hast du gut gemacht. Prima!" Aber seine Schwester ______, die neben ihm stand, sagte wieder leise: „Er wird bestimmt abstürzen."

1 First: oberste Dachkante eines Hausdachs

Lösungen

4 Aber Hannes kletterte schon von der Leiter über die Dachrinne auf das Dach (**Neutrum, Singular, Akkusativ**) [...]. Endlich war er am First angekommen. Hannes keuchte, er ruhte sich ein paar Minuten auf dem Bauch (**Maskulinum, Singular, Dativ**) liegend aus, dann setzte er sich vorsichtig auf, hob beide Arme (**Maskulinum, Plural, Akkusativ**) und rief: „Krokodil! Krokodil! Ich hab es geschafft!“ Die Krokodile (**Neutrum, Plural, Nominativ**) unten auf dem Hof riefen zurück: „Du bist aufgenommen! Hurra! Milchstraße, komm runter! Du bist aufgenommen!“ Und Olaf rief noch: „Das hast du gut gemacht. Prima!“ Aber seine Schwester (**Femininum, Singular, Nominativ**), die neben ihm stand, sagte wieder leise: „Er wird bestimmt abstürzen.“

Quelle: Max von der Grün: Vorstadtkrokodile. cbj Verlag. München 2006, S. 13/14

s-Laute

In der Aussprache des s-Lautes lassen sich **zwei Arten** unterscheiden:

- Sprichst du das s weich oder „summend“ (Bienen-s) aus, nennt man dies das **stimmhafte s**. Dieser Laut wird immer mit einfachem **s** geschrieben.

- Das **stimmlose s** (Schlangen-s) spricht man hart oder „scharf“ aus. Im **Wortinneren** wird es **ss** oder **ß** geschrieben.

stimmhafter s-Laut

→ **s**: Sonne, dösen, Salat, Besen, Reise

stimmloser s-Laut

- nach **kurzem Vokal** → **ss**: Klasse, besser, wissen
- nach **langem Vokal** oder **Doppellaut** → **ß**: Fußball, schmeißen, Straße

Der s-Laut am Wortende

Am **Wortende** klingt der s-Laut immer **stimmlos**. Es sind aber alle drei Schreibweisen möglich (z. B. Los, Fuß, Kuss). Um herauszufinden, wann du am Wortende ein einfaches s schreibst, kannst du das **Wort verlängern**. Nur wenn der s-Laut in dem verlängerten Wort **stimmhaft** wird, schreibt man ein **einfaches s**.

Beispiele:

Eis oder Eiß? ▸ ei**s**ig (mit stimmhaftem s) ▸ also Eis
Grus oder Gruß? ▸ Grü**ß**e (mit stimmlosem s) ▸ also Gruß

Aufgepasst ...

In **Süddeutschland** werden die verschiedenen s-Laute oft gleich ausgesprochen. Das macht es schwer, von der Aussprache auf die Schreibung zu schließen.

Grundsätzlich gilt: Das **einfache s** ist der **„Normalfall“**. Wörter bzw. Wortstämme mit ß solltest du lernen.

Übungen

1 Entscheide für jedes Wort aus dem Wortspeicher, welcher der drei s-Laute anstelle des Sterns eingesetzt werden muss. Notiere es dann in der richtigen Schreibweise in der Tabelle.

le★en Schlü★el spa★ig gie★en spei★en hei★en Rie★e
wi★en ★agen Ta★e Ma★ern ra★en e★en versü★en
ma★ieren be★er drau★en bei★en

stimmhaftes s	stimmloses s nach kurzem Vokal	stimmloses s nach langem Vokal/Doppellaut

2 Wende die Verlängerungsprobe an, um zu entscheiden, ob die Wörter mit s oder ß geschrieben werden.

		stimmhaft	stimmlos	
a) der Fleis/Fleiß	▶ flei ß ig	☐	☒	Fleiß
b) das Gras/Graß	▶ Grä____er	☐	☐	________
c) der Fus/Fuß	▶ Fü____e	☐	☐	________
d) das Gleis/Gleiß	▶ Glei____e	☐	☐	________
e) der Straus/Strauß	▶ Sträu____e	☐	☐	________

Lösungen

1

stimmhaftes s	stimmloses s nach kurzem Vokal	stimmloses s nach langem Vokal/Doppellaut
le**s**en	Schlü**ss**el	spa**ß**ig
spei**s**en	wi**ss**en	gie**ß**en
Rie**s**e	Ta**ss**e	hei**ß**en
sagen	e**ss**en	versü**ß**en
Ma**s**ern	ma**ss**ieren	drau**ß**en
ra**s**en	be**ss**er	bei**ß**en

2

		stimmhaft	stimmlos	
a) der Fleis/Fleiß	▶ flei**ß**ig	☐	☒	**Fleiß**
b) das Gras/Graß	▶ Grä**s**er	☒	☐	**Gras**
c) der Fus/Fuß	▶ Fü**ß**e	☐	☒	**Fuß**
d) das Gleis/Gleiß	▶ Glei**s**e	☒	☐	**Gleis**
e) der Straus/Strauß	▶ Strau**ß**e	☐	☒	**Strauß**

3 Vervollständige das Kreuzworträtsel mit Wörtern, die einen s-Laut enthalten. Du darfst auch Umlaute (ä, ö, ü) und ß verwenden.

1. Wenn Eis schmilzt, wird es zu ...
2. Nomen zum Verb *abreißen*
3. ein bestimmter Artikel
4. Rhein, Donau und Inn sind ...
5. gefrorene, süße Masse (z. B. in den Sorten Schokolade und Vanille)
6. Ergänze die Wendung: Mit freundlichen ...
7. Kann man zum Sport oder zu Hause anziehen: Jogging...
8. anderes Wort für Truhe/Kasten
9. eine beliebte Ballsportart
10. Wenn man etwas trinken möchte, hat man ...

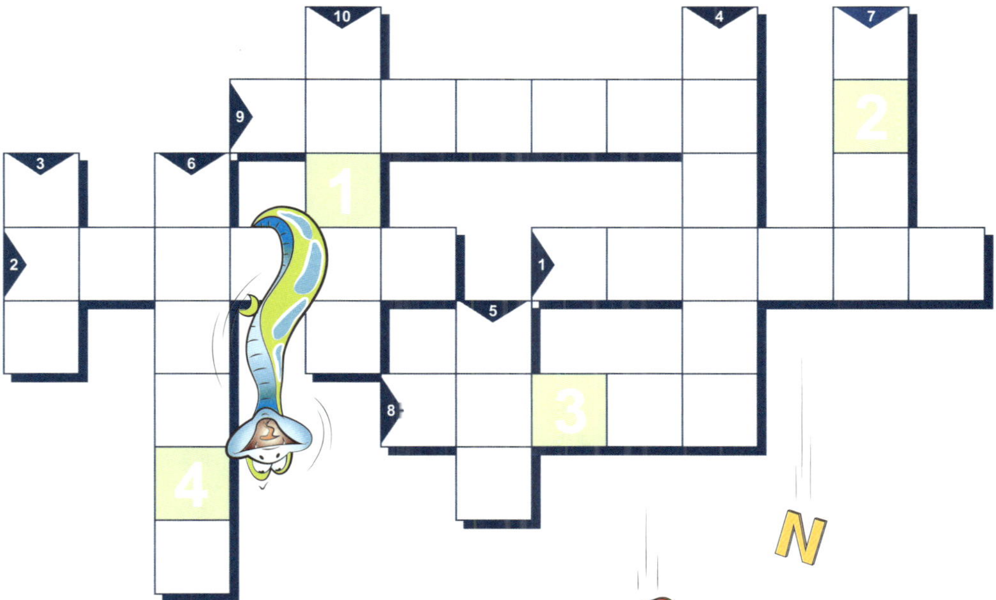

Lösungswort:

1	2	3	4

Lösungen

3

				10 D					4 F		7 H	
			9 F	U	ß	B	A	L	L		O	
3 D		6 G		R					Ü		S	
2 A	B	R	I	S	S		1 W	A	S	S	E	R
S		Ü		T		5 E			S			
		ß			8 K	I	S	T	E			
		E				S						
		N										

Lösungswort:

R	O	S	E

!

Vor den Konsonanten p und t schreibt man ein einfaches s.
Am **Wortanfang** musst du aufpassen: Du sprichst schp/scht, obwohl du sp/st schreibst.

4 Vervollständige die Lücken im Text mit s, ss oder ß.

Der Mie____epeter

Wie immer lief der Mie____epeter mi____gelaunt durch die Stra____en. Alle___ ärgerte ihn – das Wetter, das Grau der Häu____er, die unfreundlichen Mienen der anderen.

Da kam zufällig ein Lächeln vorbeigeflattert und da es gerade nichts Be____eres zu tun hatte, hüpfte es dem Mie____epeter mitten ins Ge____icht und machte es sich dort gemütlich. Der hatte das aber in seiner ganzen Muffigkeit gar nicht gemerkt und ging mit schlechter Laune weiter.

Als ihm nun andere Leute entgegenkamen, wurde er herzlich gegrü____t und alle schienen ___ich zu freuen, ihn zu ___ehen. Das verwunderte den Mie____epeter ___ehr und gegen seinen Willen fühlte er sich schon etwas be____er. Immer mehr Leute winkten ihm lächelnd zu. An einem Blumen____tand reichte man ihm eine ___onnenblume und wünschte ihm einen guten Tag. Irgendwie wirkten nun die Häu____er auch viel weniger grau, eigentlich ___ah der Marktplatz doch ___ogar sehr hübsch aus. Und der Himmel schien auch schon viel blauer zu sein – und da, war das nicht sogar die ___onne?

Als der Mie____epeter nach Hau____e kam und seine Jacke auszog, sah er sich ___elbst im Dielen____piegel lächeln. Und das fühlte sich gut an, richtig gut.

4 Der Mie**s**epeter

Wie immer lief der Mie**s**epeter mi**ss**gelaunt durch die Stra**ß**en. Alle**s** ärgerte ihn – das Wetter, das Grau der Häu**s**er, die unfreundlichen Mienen der anderen.
Da kam zufällig ein Lächeln vorbeigeflattert und da es gerade nichts Be**ss**eres zu tun hatte, hüpfte es dem Mie**s**epeter mitten ins Ge**s**icht und machte es sich dort gemütlich. Der hatte das aber in seiner ganzen Muffigkeit gar nicht gemerkt und ging mit schlechter Laune weiter.
Als ihm nun andere Leute entgegenkamen, wurde er herzlich gegrü**ß**t und alle schienen **s**ich zu freuen, ihn zu **s**ehen. Das verwunderte den Mie**s**epeter **s**ehr und gegen seinen Willen fühlte er sich schon etwas be**ss**er.
Immer mehr Leute winkten ihm lächelnd zu. An einem Blumen**s**tand reichte man ihm eine **S**onnenblume und wünschte ihm einen guten Tag. Irgendwie wirkten nun die Häu**s**er auch viel weniger grau, eigentlich **s**ah der Marktplatz doch **s**ogar sehr hübsch aus. Und der Himmel schien auch schon viel blauer zu sein – und da, war das nicht sogar die **S**onne?
Als der Mie**s**epeter nach Hau**s**e kam und seine Jacke auszog, sah er sich **s**elbst im Dielen**s**piegel lächeln. Und das fühlte sich gut an, richtig gut.

! Beachte, dass am Wortanfang immer ein einfaches **s** steht.

Quelle: Tania Konnerth: Der Miesepeter. In: Aus der Schatzkiste des Lebens. Herder Verlag 2009. Freiburg 2009, S. 132

Satzglieder

Jeder deutsche Satz besteht aus mehreren „Bausteinen“, den **Satzgliedern**. Die **Umstellprobe** hilft dir dabei, die verschiedenen Satzglieder zu bestimmen. Dazu stellst du die Wörter eines Satzes so um, dass der **Sinn** nicht verändert wird. Die Wortgruppen, die bei der Umstellprobe immer zusammenbleiben, bilden jeweils ein Satzglied.

Beispiel:	Die kleine Sina	badet	im See.
	Im See	badet	die kleine Sina.

Unterscheidung der Satzglieder

Für einen vollständigen Satz braucht man ein **Subjekt** und ein **Prädikat**. Damit ein Satz noch aussagekräftiger wird, können Satzergänzungen (**Objekte**) und Umstandsbeschreibungen (**Adverbialien**) hinzugefügt werden.

Satzglied	Frage	Beispiel
Prädikat		
ist das Zentrum/der Kern des Satzes	Was tut jemand? Was geschieht?	Joe **spielt**.
Subjekt		
nennt den „Täter“ der Handlung	Wer oder was?	**Joe** spielt.
Objekte		
Dativobjekt	Wem?	Joe hilft **Paul**.
Akkusativobjekt	Wen oder was?	Joe spielt **Fußball**.
Adverbialien		
Lokaladverbiale (Adverbiale des Ortes)	Wo? Wohin? Woher?	Joe spielt **im Garten**.
Temporaladverbiale (Adverbiale der Zeit)	Wann? Wie lang?	Joe spielt **heute**.
Modaladverbiale (Adverbiale der Art und Weise)	Wie? Auf welche Art und Weise?	Joe spielt **freudig**.
Kausaladverbiale (Adverbiale des Grundes)	Warum?	Joe spielt **aus Langeweile**.

Aufgepasst ...

Ein **Prädikat** enthält immer **eine finite (gebeugte) Verbform**. Wenn das Prädikat neben dem finiten Verb noch weitere Elemente enthält, spricht man von **mehrteiligen Prädikaten**. Diese treten z. B. auf, wenn du eine zusammengesetzte Zeitform oder einen Satz mit Modalverb bildest.

Beispiele: Tom **ist** in die Schule **gegangen**.
Fred **will** Fußball **spielen**.

Auch bei der Konjugation von **trennbaren Verben** entstehen mehrteilige Prädikate.

Beispiele: Tina **kommt** aus der Schule **zurück**.
(Verb: zurückkommen)

Susi **sieht** die Bilder **an**.
(Verb: ansehen)

1 Ermittle mithilfe der Umstellprobe die Satzglieder der folgenden Sätze und kreise sie ein. Unterstreiche zudem alle Prädikate.

a) Stefan fährt Fahrrad.

b) Dagmar kauft für Hans ein Eis.

c) Der kleine Lukas schenkt seiner Freundin ein Buch.

d) Gestern fuhr Ute mit ihrem Auto nach München.

e) Clara aß ihren Kuchen auf.

2 Unterstreiche alle Subjekte im Text.

Das Alpenmurmeltier lebt in den Alpen und in den Karpaten. Es gehört zu den Nagetieren und ist verwandt mit den Eichhörnchen. Murmeltiere werden bis zu 70 cm lang und bis zu 6 kg schwer. Sie lieben pflanzliche Nahrung, insbesondere Blätter und Blüten. Du glaubst es vielleicht nicht, aber die Tiere können bis zu 15 Jahre alt werden. Zu ihren natürlichen Feinden zählen Greifvögel, Marder und Füchse. In Deutschland steht das Murmeltier unter besonderem Schutz, dem Naturschutz.

3 Bestimme die markierten Objekte genauer.
(DatO = Dativobjekt, AkkO = Akkusativobjekt)

a) Der Vater erzählt **eine tolle Geschichte**. ____________________

b) Die Lehrerin erklärt **Tom** noch einmal die Grammatik. ____________________

c) Luise bietet ihrer Freundin **einen Kaffee** an. ____________________

d) Der FC Bayern erteilte **der gegnerischen Mannschaft** eine Lektion.

____

e) **Ein schönes Geschenk** hatte Klara ihrem Vater mitgebracht.

____

Lösungen

1

a) Stefan | fährt | Fahrrad.

b) Dagmar | kauft | für Hans | ein Eis.

c) Der kleine Lukas | schenkt | seiner Freundin | ein Buch.

d) Gestern | fuhr | Ute | mit ihrem Auto | nach München.

e) Clara | aß | ihren Kuchen | auf.

2

Das Alpenmurmeltier lebt in den Alpen und in den Karpaten. Es gehört zu den Nagetieren und ist verwandt mit den Eichhörnchen. Murmeltiere werden bis zu 70 cm lang und bis zu 6 kg schwer. Sie lieben pflanzliche Nahrung, insbesondere Blätter und Blüten. Du glaubst es vielleicht nicht, aber die Tiere können bis zu 15 Jahre alt werden. Zu ihren natürlichen Feinden zählen Greifvögel, Marder und Füchse. In Deutschland steht das Murmeltier unter besonderem Schutz, dem Naturschutz.

3

a) Der Vater erzählt **eine tolle Geschichte**. **AkkO**

b) Die Lehrerin erklärt **Tom** noch einmal die Grammatik. **DatO**

c) Luise bietet ihrer Freundin **einen Kaffee** an. **AkkO**

d) Der FC Bayern erteilte **der gegnerischen Mannschaft** eine Lektion. **DatO**

e) **Ein schönes Geschenk** hatte Klara ihrem Vater mitgebracht. **AkkO**

4 ★ Unterstreiche in jedem Satz das Adverbiale. Bestimme es anschließend näher, indem du die Buchstaben vor den Sätzen in den richtigen Kreis einträgst.

a) Mein Vater liest <u>montags</u> den Sportteil.

b) Die Basketballspielerin wirft den Ball in den Korb.

c) Dirk Nowitzki konnte wegen einer verletzten Hand nicht spielen.

d) Der Schütze hat sofort geworfen.

e) Deshalb konnte der Gegenspieler nicht verteidigen.

f) Sie konnten letztes Wochenende einen Sieg feiern.

g) Die besten Basketballer spielen in den USA.

h) Letztes Jahr wurden die amerikanischen Spieler Olympiasieger.

i) Stolz und überglücklich feierten sie den Sieg.

Lösungen

4 ★

a) Mein Vater liest montags den Sportteil.

b) Die Basketballspielerin wirft den Ball in den Korb.

c) Dirk Nowitzki konnte wegen einer verletzten Hand nicht spielen.

d) Der Schütze hat sofort geworfen.

e) Deshalb konnte der Gegenspieler nicht verteidigen.

f) Sie konnten letztes Wochenende einen Sieg feiern.

g) Die besten Basketballer spielen in den USA.

h) Letztes Jahr wurden die amerikanischen Spieler Olympiasieger.

i) Stolz und überglücklich feierten sie den Sieg.

Adverbiale der Zeit: **a d f h**

Adverbiale der Art und Weise: **i**

Adverbiale des Ortes: **b g**

Adverbiale des Grundes: **c e**

5 Ermittle zunächst mithilfe der Umstellprobe die einzelnen Satzglieder und entscheide dann, um welches Satzglied es sich jeweils handelt.

Verwende die folgenden Abkürzungen:

Subjekt = **S**
Prädikat = **P**
Dativobjekt = **DatO**
Akkusativobjekt = **AkkO**
Lokaladverbiale = **AdvLok**
Temporaladverbiale = **AdvTemp**
Modaladverbiale = **AdvMod**
Kausaladverbiale = **AdvKau**

a) Peter | hat | gestern | in der Schule | seine Freunde | getroffen.

S P AdvTemp AdvLok AkkO P

b) Robin geht heute in den Supermarkt.

c) Aufgrund des schönen Wetters geht Tom in den Swimmingpool.

d) Vor einigen Tagen ging Lisa ins Kino.

e) Das Fahrrad machte ihm in den letzten Wochen viel Freude.

f) Am Ende des Schuljahres empfing er stolz sein Zeugnis.

g) Tina wird mir diese Woche ein Geschenk übergeben.

h) Jonas gibt Lara an ihrem Geburtstag ein Getränk aus.

Lösungen

5

b)

Robin	geht	heute	in den Supermarkt.
S	**P**	**AdvTemp**	**AdvLok**

c)

Aufgrund des schönen Wetters	geht	Tom	in den Swimmingpool.
AdvKau	**P**	**S**	**AdvLok**

d)

Vor einigen Tagen	ging	Lisa	ins Kino.
AdvTemp	**P**	**S**	**AdvLok**

e)

Das Fahrrad	machte	ihm	in den letzten Wochen	viel Freude.
S	**P**	**DatO**	**AdvTemp**	**AkkO**

f)

Am Ende des Schuljahres	empfing	er	stolz	sein Zeugnis.
AdvTemp	**P**	**S**	**AdvMod**	**AkkO**

g)

Tina	wird	mir	diese Woche	ein Geschenk	übergeben.
S	**P**	**DatO**	**AdvTemp**	**AkkO**	**P**

h)

Jonas	gibt	Lara	an ihrem Geburtstag	ein Getränk	aus.
S	**P**	**DatO**	**AdvTemp**	**AkkO**	**P**

Grammatik – Verben

Verben drücken **Handlungen**, **Vorgänge** und **Zustände** aus. Man unterscheidet drei **Arten von Verben:**

Vollverben z.B. fahren, essen, grüßen	• können allein das Prädikat eines Satzes bilden	Tim **isst** Salat.
Hilfsverben sein, haben und werden	• können nur zusammen mit einem Vollverb das Prädikat eines Satzes bilden • werden zur Bildung der zusammengesetzten Zeitformen benötigt	Tim **hat** Salat gegessen. Tim **wird** Salat essen.
Modalverben dürfen, können, wollen, mögen, müssen und sollen	• können nur zusammen mit einem Vollverb das Prädikat eines Satzes bilden • verändern die Aussage eines Satzes	Tim **will** Salat essen. Tim **muss** Salat essen.

Verben können in verschiedenen **Formen** in einem Satz stehen. Man unterscheidet:

Finite (gebeugte/konjugierte) Verbformen

- An den Verbstamm wird die jeweilige Personalendung angehängt.
  ich geh-**e**, du geh-**st**, er geh-**t**, wir geh-**en**, ihr geh-**t**, sie geh-**en**
- An der Verbform lassen sich Person, Zahl und Zeit ablesen.
  gehe ► 1. Person, Singular, Präsens

Infinite Verbformen

- An der Verbform lassen sich Person, Zahl und Zeit **nicht** ablesen.
- Es gibt drei infinite Verbformen:
  - ► **Infinitiv** (Grundform): geh**en**, spiel**en**, wander**n**, streich**eln**
  - ► **Partizip I:** geh**end**, spiel**end**, frier**end**
  - ► **Partizip II:** **ge**gang**en**, **ge**spiel**t**, **ge**freu**t**

Aufgepasst ...

Verben mit **Vorsilbe** (Präfix) lassen sich in **trennbare** und **nicht trennbare Verben** unterteilen.
Bei der Konjugation von trennbaren Verben wandert die Vorsilbe ans Satzende – das Verb wird „getrennt".

Beispiel: Ich **ziehe** mir die Schuhe **an**. (Verb: anziehen)

Bei den **nicht trennbaren Verben** bleiben Vorsilbe und Verb auch in der finiten Form untrennbar zusammen.

Beispiel: Ich **bestehe** die Prüfung bestimmt. (Verb: bestehen)

Wenn von dir verlangt wird, Verben zu unterstreichen, darfst du die Vorsilben der trennbaren Verben nicht vergessen.

1 Ergänze die fehlenden Verbformen im Präsens.

	Infinitiv		essen	
SINGULAR	1. Person			
	2. Person	du staunst		
	3. Person			
PLURAL	1. Person			
	2. Person			ihr seid
	3. Person			

2 Gib für die folgenden Verben an, in welcher Personalform sie stehen und schreibe auch die Infinitivform auf.

a) ihr spielt — 2. Person Plural — spielen

b) es regnet ____ ____

c) sie denken ____ ____

d) du frierst ____ ____

e) wir backen ____ ____

f) ich glaube ____ ____

Lösungen

1

	Infinitiv	staunen	**essen**	sein
SINGULAR	1. Person	ich staune	ich esse	ich bin
	2. Person	**du staunst**	du isst	du bist
	3. Person	er/sie/es staunt	er/sie/es isst	er/sie/es ist
PLURAL	1. Person	wir staunen	wir essen	wir sind
	2. Person	ihr staunt	ihr esst	**ihr seid**
	3. Person	sie staunen	sie essen	sie sind

2

a) ihr spielt — **2. Person Plural** — **spielen**

b) es regnet — 3. Person Singular — regnen

c) sie denken — 3. Person Plural — denken

d) du frierst — 2. Person Singular — frieren

e) wir backen — 1. Person Plural — backen

f) ich glaube — 1. Person Singular — glauben

3 Schreibe die Verben in der richtigen Personalform im Präsens in die Lücken.

Blackbeard: Schrecken der Karibik

Pierre Dosset ____________________ (haben) Angst. Panisch ____________________ (schauen) der französische Kapitän auf die beiden Segelschiffe, die sein Schiff „La Concorde“ an diesem Novembertag 1717 ____________________ (verfolgen). Sie ____________________ (sein) schneller als sein Dreimaster[1] – verdammt schnell. Und an ihren Masten ____________________ (wehen) schwarze Flaggen. Piraten!

Es ____________________ (donnern) und ____________________ (krachen). Kanonenkugeln ____________________ (schlagen) auf dem Deck von Dossets Schiff ein. Erbarmungslos ____________________ (nehmen) die Angreifer die La Concorde in die Zange. Und dann ____________________ (sein) es so weit: Männer mit Säbeln und Pistolen ____________________ (stürmen) das Schiff – vorneweg ein Kerl, bei dessen Anblick Dosset die Luft wegbleibt: Der Mann ____________________ (brennen)! Funken ____________________ (sprühen) aus seinem langen, schwarzen Haar. Sie ____________________ (wirbeln) um sein grimmiges Gesicht und auf dem Bart, den er zu Zöpfen geflochten hat.

Dosset ____________________ (aufgeben). Vor ihm ____________________ (stehen) Blackbeard, der gefürchtetste Pirat der Karibik. Die „Ausgeburt des Teufels“ ____________________ (nennen) die Seeleute den breitschultrigen Mann. Jemand, der brennt, ohne Schmerzen zu spüren, kann kein Mensch sein, glauben sie. So einer ____________________ (kommen) direkt aus der Hölle!

1 Dreimaster: Segelschiff mit drei Masten

3 Blackbeard: Schrecken der Karibik

Pierre Dosset **hat** (haben) Angst. Panisch **schaut** (schauen) der französische Kapitän auf die beiden Segelschiffe, die sein Schiff „La Concorde“ an diesem Novembertag 1717 **verfolgen** (verfolgen). Sie **sind** (sein) schneller als sein Dreimaster – verdammt schnell. Und an ihren Masten **wehen** (wehen) schwarze Flaggen. Piraten!

Es **donnert** (donnern) und **kracht** (krachen). Kanonenkugeln **schlagen** (schlagen) auf dem Deck von Dossets Schiff ein. Erbarmungslos **nehmen** (nehmen) die Angreifer die La Concorde in die Zange. Und dann **ist** (sein) es so weit: Männer mit Säbeln und Pistolen **stürmen** (stürmen) das Schiff – vorneweg ein Kerl, bei dessen Anblick Dosset die Luft wegbleibt: Der Mann **brennt** (brennen)! Funken **sprühen** (sprühen) aus seinem langen, schwarzen Haar. Sie **wirbeln** (wirbeln) um sein grimmiges Gesicht und auf dem Bart, den er zu Zöpfen geflochten hat.

Dosset **gibt auf** (aufgeben). Vor ihm **steht** (stehen) Blackbeard, der gefürchtetste Pirat der Karibik. Die „Ausgeburt des Teufels“ **nennen** (nennen) die Seeleute den breitschultrigen Mann. Jemand, der brennt, ohne Schmerzen zu spüren, kann kein Mensch sein, glauben sie. So einer **kommt** (kommen) direkt aus der Hölle!

Quelle: Sina Löschke: Blackbeard: Schrecken der Karibik. Im Internet unter: http://www.geo.de/geolino/mensch/16750-rtkl-geschichte-blackbeard-schrecken-der-karbik, abgerufen am 13.11. 2017, aus didaktischen Gründen gekürzt.

4 a) Um welche Verbarten handelt es sich bei den unterstrichenen Verben? Kreuze an.

	Vollverb	Hilfsverb	Modalverb
Tanja will „Fluch der Karibik“ nicht sehen.	☐	☐	☐
Sie kann mit Piraten nichts anfangen.	☐	☐	☐
Ihr Bruder Tom liebt den Film.	☐	☐	☐
Er hat ihn schon dreimal gesehen.	☐	☐	☐
Die Abenteuer der Piraten findet er toll.	☐	☐	☐
Tanja wird das wohl nie verstehen.	☐	☐	☐

b) Lies die Sätze aus Aufgabe 4a noch einmal und kreise alle infiniten Verbformen ein.

Tipp: Die infiniten Verbformen stehen am Satzende.

c) Im folgenden Text wird die Verwendung der verschiedenen Verbarten erklärt. Vervollständige ihn, indem du in jede Lücke die passende Verbart schreibst.

Tipp: Sieh dir noch einmal die Sätze aus Aufgabe 4a an.

Ein ______________________ kann das einzige Verb in einem Satz sein, es kann also das Prädikat des Satzes allein bilden.

______________________ und ______________________ können hingegen nicht allein in einem Satz stehen. Sie benötigen immer noch ein infinites ______________________, das am Satzende steht.

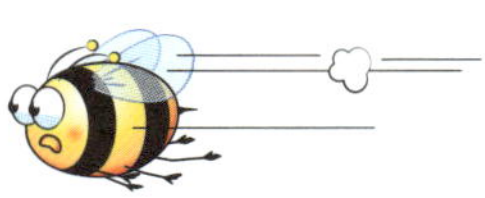

Lösungen

4 a) und b)

	Vollverb	Hilfsverb	Modalverb
Tanja will „Fluch der Karibik“ nicht sehen.	☐	☐	☒
Sie kann mit Piraten nichts anfangen.	☐	☐	☒
Ihr Bruder Tom liebt den Film.	☒	☐	☐
Er hat ihn schon dreimal gesehen.	☐	☒	☐
Die Abenteuer der Piraten findet er toll.	☒	☐	☐
Tanja wird das wohl nie verstehen.	☐	☒	☐

c) Ein **Vollverb** kann das einzige Verb in einem Satz sein, es kann also das Prädikat des Satzes allein bilden.
Modalverben und **Hilfsverben** können hingegen nicht allein in einem Satz stehen. Sie benötigen immer noch ein infinites **Vollverb**, das am Satzende steht.

Erzählen

Bei einer **Erzählung** ist es wichtig, die Ereignisse möglichst spannend zu erzählen und die Leser dadurch zu fesseln. Die Zeitform, in der du schreibst, ist meist das **Präteritum**. In der Regel gliederst du eine Erzählung folgendermaßen:

Einleitung
- Einführung des Lesers in die Erzählsituation
- knappe Informationen zu Hauptfigur (Wer?), Handlungsort (Wo?), Zeit (Wann?), Geschehen (Was?)
- Wecken der Neugierde des Lesers und Überleitung zum Hauptteil

Hauptteil
- logische Abfolge der Erzählschritte
- Ereignisse in zeitlich richtiger Reihenfolge
- langsame Steigerung der Spannung
- Ausformulierung des Höhe-/Wendepunkts am Ende des Hauptteils

Schluss
- Ausgang des Geschehens
- Abrundung der Erzählung
- mögliche Inhalte: Darstellung der Folgen, lustige Wendung, persönliche Lehre aus dem Erlebnis

So wird deine Erzählung fesselnd und lebendig:

✓ Gib Aussagen und Gedanken in der **wörtlichen Rede** wieder.

✓ Benutze **anschauliche Adjektive** (z. B. entgeistert, sprachlos).

✓ Verwende **treffende Verben** (z. B. flüstern, schleichen, brüllen).

✓ Gehe auf **Gedanken** und **Gefühle** (z. B. Freude, Angst, Erleichterung) ein.

✓ Beschreibe **Mimik** und **Gestik** der Figuren.

✓ Schildere **Sinneswahrnehmungen**. (Was hört, fühlt, schmeckt die Figur?)

✓ Setze gezielt **Spannungswörter** (z. B. auf einmal, plötzlich) ein.

Aufgepasst ...

Üblicherweise befindet sich der **Höhepunkt** am Ende des Hauptteils. Wenn du schon etwas sicherer im Erzählen bist, kannst du auch abwechseln und den Höhepunkt an den Anfang des Hauptteils vorziehen.

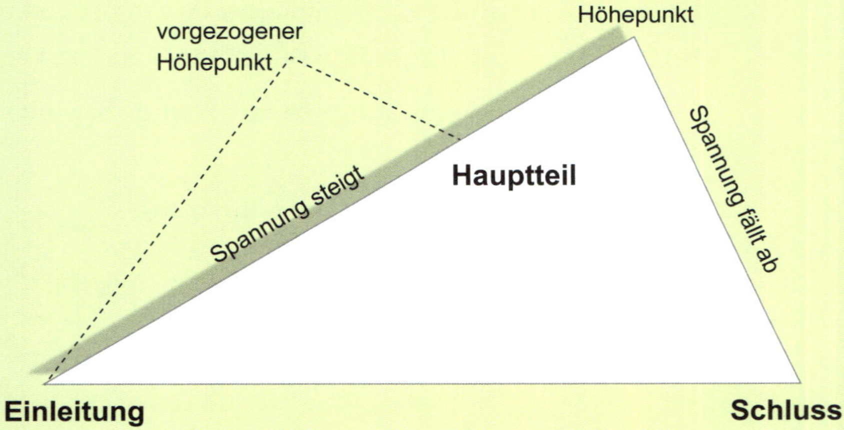

1 Die Schwestern Merle und Finja haben in den Sommerferien mit ihren Eltern die Willibaldsburg in Eichstätt besucht. Als die vier gerade durch das Burgverlies gingen, waren die Eltern der Schwestern jedoch plötzlich unauffindbar.
Als Merle wieder zu Hause ist, schreibt sie ihr Ferienerlebnis auf.

Lies den einführenden Text und beantworte anschließend die W-Fragen stichpunktartig.

Wer? ______________________________

Wo? ______________________________

Wann? ______________________________

Was? ______________________________

2 Merle hat für ihre Erzählung zwei Einleitungen verfasst. Lies beide Einleitungen durch und kreuze diejenige an, die du für gelungen hältst. Begründe deine Auswahl anschließend stichpunktartig.

- [ ] Meine Schwester und ich besuchten in den Sommerferien eine Burg. Ich freute mich riesig auf den Ausflug und sagte zu Finja: „Wow, das wird megagut!“. Doch am Ende standen wir alleine im Burgverlies und kamen fast um vor Angst.

- [ ] In den Sommerferien unternahmen meine Eltern mit meiner Schwester Finja und mir einen Ausflug zur Willibaldsburg in Eichstätt. Wir freuten uns riesig auf die Erkundung der Burg. „Das wird bestimmt ein toller Tag!“, jubelte ich vor der Abfahrt. Doch zu diesem Zeitpunkt wusste ich noch nicht, was mich an dem Tag noch erwarten würde.

____

____

____

Lösungen

1 **Wer?** Merle, Finja und ihre Eltern

Wo? Willibaldsburg in Eichstätt

Wann? in den Sommerferien

Was? gemeinsamer Besuch der Willibaldsburg

2

☐ Meine Schwester und ich besuchten in den Sommerferien eine Burg. Ich freute mich riesig auf den Ausflug und sagte zu Finja: „Wow, das wird megagut!“. Doch am Ende standen wir alleine im Burgverlies und kamen fast um vor Angst.

☒ In den Sommerferien unternahmen meine Eltern mit meiner Schwester Finja und mir einen Ausflug zur Willibaldsburg in Eichstätt. Wir freuten uns riesig auf die Erkundung der Burg. „Das wird bestimmt ein toller Tag!“, jubelte ich vor der Abfahrt. Doch zu diesem Zeitpunkt wusste ich noch nicht, was mich an dem Tag noch erwarten würde.

- alle W-Fragen werden beantwortet
- Interesse/Neugierde des Lesers wird geweckt
- Ende der Erzählung wird nicht vorweggenommen
- lebendige Sprache, **ohne** umgangssprachliche Ausdrücke (wie z.B. megagut)

3 Ergänze den folgenden Auszug aus Merles Erzählung, indem du die Adjektive aus dem Wortspeicher in der richtigen Form in die Lücken einträgst. Achte dabei darauf, dass die Adjektive zum Inhalt der Erzählung passen.

aufgeregt | eng | unsicher | mucksmäuschenstill | langsam | erleichtert | laut | eiskalt | angespannt

Wir folgten den Wegweisern mit der Aufschrift „Burgverlies“ und stiegen schließlich nacheinander eine ____________ Treppe hinunter. Von einem Moment auf den anderen befanden wir uns in einer ganz anderen Welt. Es war ____________, das Licht war gedimmt, sodass man nur noch Umrisse wahrnehmen konnte, und außer uns war keine Menschenseele mehr zu sehen. Fast automatisch griff ich nach der Hand meiner Schwester. „Ist das cool“, flüsterte mir Finja ____________ ins Ohr, „ich komme mir vor wie im Mittelalter.“ Wir standen gerade vor dem ehemaligen Kerker, als wir plötzlich ein ____________ Quietschen hörten. Wie versteinert blieben wir stehen. „Was war das?“, fragte ich Finja ____________. Doch sie legte nur ihren Finger auf den Mund und gab mir zu verstehen, leise zu sein. Vorsichtig schaute ich in alle Richtungen und hoffte von ganzem Herzen, meine Eltern irgendwo zu entdecken, doch sie waren wie vom Erdboden verschluckt. „Vielleicht spukt es hier!“, schoss es mir durch den Kopf und bei dem Gedanken daran lief mir ein ____________ Schauer über den Rücken. Finja führte mich jetzt ____________ Schritt für Schritt durch die Gänge. „Wir müssen hier raus!“, murmelte sie ____________. Ihre Stimme zitterte. Wir bogen um die nächste Ecke und plötzlich blieb Finja starr vor Schreck stehen. Ich versteckte mich ängstlich hinter ihr, doch da atmete sie ____________ auf und fing plötzlich laut zu lachen an.

Lösungen

3 Wir folgten den Wegweisern mit der Aufschrift „Burgverlies“ und stiegen schließlich nacheinander eine **enge** Treppe hinunter. Von einem Moment auf den anderen befanden wir uns in einer ganz anderen Welt. Es war **mucksmäuschenstill**, das Licht war gedimmt, sodass man nur noch Umrisse wahrnehmen konnte, und außer uns war keine Menschenseele mehr zu sehen. Fast automatisch griff ich nach der Hand meiner Schwester. „Ist das cool“, flüsterte mir Finja **aufgeregt** ins Ohr, „ich komme mir vor wie im Mittelalter.“ Wir standen gerade vor dem ehemaligen Kerker, als wir plötzlich ein **lautes** Quietschen hörten. Wie versteinert blieben wir stehen. „Was war das?“, fragte ich Finja **unsicher/angespannt**. Doch sie legte nur ihren Finger auf den Mund und gab mir zu verstehen, leise zu sein. Vorsichtig schaute ich in alle Richtungen und hoffte von ganzem Herzen, meine Eltern irgendwo zu entdecken, doch sie waren wie vom Erdboden verschluckt. „Vielleicht spukt es hier!“, schoss es mir durch den Kopf und bei dem Gedanken daran lief mir ein **eiskalter** Schauer über den Rücken. Finja führte mich jetzt **langsam** Schritt für Schritt durch die Gänge. „Wir müssen hier raus!“, murmelte sie **angespannt/unsicher**. Ihre Stimme zitterte. Wir bogen um die nächste Ecke und plötzlich blieb Finja starr vor Schreck stehen. Ich versteckte mich ängstlich hinter ihr, doch da atmete sie **erleichtert** auf und fing plötzlich laut zu lachen an.

4 Verfasse einen Schluss für die Erzählung. Versetze dich dazu in Merles Lage und schreibe aus ihrer Sicht in der Ich-Form.

5 ★ Kreuze die Überschrift an, die für die Erzählung über den Burgbesuch am geeignetsten ist.

- ☐ Ende gut, alles gut!
- ☐ Oh Schreck – Mama und Papa sind weg!
- ☐ Der falsche Geist
- ☐ Voll die Gruselburg!

Lösungen

4 *Lösungsvorschlag:*

Vor uns standen unsere Eltern, die sich unauffällig einer der Führungen angeschlossen hatten. Der Führer der Gruppe war gerade dabei, eine der quietschenden Verliestüren wieder zu schließen. Fragend schaute meine Mutter in unsere erschrockenen Gesichter. „Puh, wir dachten schon hier hausen Gespenster“, stammelte ich leicht beschämt, aber erleichtert.

5 ★

- [ ] Ende gut, alles gut!
- [ ] Oh Schreck – Mama und Papa sind weg!
- [x] Der falsche Geist
- [ ] Voll die Gruselburg!

! Die erste Überschrift eignet sich nicht, da sie **sehr allgemein** ist und keinen inhaltlichen Bezug zur Erzählung aufweist. Die zweite Überschrift nimmt einen **wichtigen Teil des Hauptteils** schon vorweg – sie verrät zu viel. Die letzte Überschrift enthält einen **umgangssprachlichen Ausdruck** und ist daher nicht geeignet.

Gedichte sind **sprachliche Kunstwerke**,
die an ihrer besonderen Form zu erkennen sind.

Vers und Strophe

Eine Zeile in einem Gedicht nennt man Vers. Mehrere Verse setzen sich zu einer Strophe zusammen, die durch einen Absatz von der nächsten Strophe abgetrennt ist.

Es war einmal ein Lattenzaun,	**Vers**	**Strophe**
mit Zwischenraum, hindurchzuschaun.	**Vers**	
Ein Architekt, der dieses sah,		**Strophe**
stand eines Abends plötzlich da –		
und nahm den Zwischenraum heraus		**Strophe**
und baute draus ein großes Haus.		

Reimschema

Ein Reim ist ein **Gleichklang von Wörtern** (z.B. Die **Kuh** macht **Muh**.). In vielen Gedichten reimen sich die letzten Wörter der Verse aufeinander. Um das Reimschema eines Gedichts zu untersuchen, kennzeichnet man die Wörter, die sich am Ende der Verse reimen, mit den gleichen Kleinbuchstaben. Das funktioniert so:

Ein Eisbär traf 'nen Pinguin.	a	**Paarreim**
Er war erstaunt und sagt' zu ihm	a	
„So was wie dich, ich muss gestehen,	b	
das habe ich noch nie gesehen!"	b	

Unterm Schirme, tief im Tann	a	**Kreuzreim**
hab' ich heut gelegen;	b	
durch die schweren Zweige rann	a	
reicher Sommerregen.	b	

Frühling lässt sein blaues Band	a	**umarmender Reim**
Wieder flattern durch die Lüfte;	b	
Süße, wohlbekannte Düfte	b	
Streifen ahnungsvoll das Land.	a	

Aufgepasst ...

Es gibt auch Gedichte, in denen kein **Reimschema** zu finden ist, in denen sich die Verse also nicht aufeinander reimen.

Quellen:

Christian Morgenstern: Der Lattenzaun. In: Alle Galgenlieder. Diogenes. Zürich 1981, S. 54

Sigrid Hartmann: Ein Eisbär traf nen Pinguin. Im Internet unter: https://www.literatpro.de/gedicht/170117/ein-eisbaer-traf-nen-pinguin

Christian Morgenstern: Das Häslein. In: Werke und Briefe, Band I – Lyrik 1887–1905. Verlag Urachhaus. Stuttgart 1988

Eduard Mörike: Es ist's. In: Eduard Mörike's gesammelte Schriften. Erster Band. Gedichte. Stuttgart 1878, S. 32

1 a) Lies das Gedicht von Joachim Ringelnatz aufmerksam durch und schreibe anschließend die Reimwörter aus dem Wortspeicher passend auf die Linien.

Ameisen · Reise · weh · weise · Chaussee[2] · reisen

Joachim Ringelnatz

In Hamburg lebten zwei ________________,
Die wollten nach Amerika ________________.
Bei Altona[1] auf der ________________
Da taten ihnen die Beine ________________,
Und da verzichteten sie ________________.
Denn auf den letzten Teil der ________________.

1 Altona: Stadtteil in Hamburg / 2 Chaussee: gut ausgebaute Landstraße

b) Überlege dir einen Titel für das Gedicht und schreibe ihn in den weißen Kasten über dem Gedicht.

c) Wie viele Verse und Strophen hat das Gedicht?

Verse: __________ **Strophen:** __________

2 Bestimme das Reimschema des Gedichts. Schreibe dazu zunächst die passenden Buchstaben hinter die Reime und notiere anschließend das Reimschema.

Reimschema: ________________________

Lösungen

1 a) und b)

Lösungsvorschläge:

Die Ameisen / Zwei Ameisen auf Reise / Die Reise

In Hamburg lebten zwei **Ameisen**, **a**
Die wollten nach Amerika **reisen**. **a**
Bei Altona auf der **Chaussee** **b**
Da taten ihnen die Beine **weh**, **b**
Und da verzichteten sie **weise** **c**
Denn auf den letzten Teil der **Reise**. **c**

Quelle: Joachim Ringelnatz: Die Ameisen. In: 103 Gedichte. Rowohlt Verlag, Berlin 1933. S. 32

c) **Verse:** 6 **Strophen:** 1

2 **Reimschema:** Paarreim

3 Schreibe die Verben aus dem Wortspeicher an der richtigen Stelle in das Gedicht.

Die Schaukel

Heinrich Seidel

Wie schön sich zu wiegen,
die Luft zu ______________________
am blühenden Baum!
Bald vorwärts vorüber,
bald rückwärts hinüber –
es ist wie ein Traum!

Die Ohren, sie ____________________,
die Haare, sie ____________________
und wehen hintan!
Ich ____________________ und steige
bis hoch in die Zweige
des Baumes hinan.

Wie Vögel sich ____________________,
sich ____________________ und fliegen
im luftigen Hauch:
Bald hin und bald wider,
hinauf und hernieder,
so ____________________ ich auch!

schwebe
brausen
schwingen
sausen
fliege
durchfliegen
wiegen

4 Die Verben tragen in diesem Gedicht ganz wesentlich zur Stimmung bei. Wie wirkt das Gedicht auf dich? Kreuze an.

☐ Das Gedicht wirkt fröhlich und beschwingt.

☐ Das Gedicht wirkt traurig und bedrückend.

3 **Die Schaukel**

Heinrich Seidel

Wie schön sich zu wiegen,
die Luft zu **durchfliegen**
am blühenden Baum!
Bald vorwärts vorüber,
bald rückwärts hinüber –
es ist wie ein Traum!

Die Ohren, sie **brausen**,
die Haare, sie **sausen**
und wehen hintan!
Ich **schwebe** und steige
bis hoch in die Zweige
des Baumes hinan.

Wie Vögel sich **wiegen**,
sich **schwingen** und fliegen
im luftigen Hauch:
Bald hin und bald wider,
hinauf und hernieder,
so **fliege** ich auch!

Quelle: Heinrich Seidel: Die Schaukel. In: Neues Glockenspiel – Gesammelte Gedichte. Stuttgart 1893

4

- [x] Das Gedicht wirkt fröhlich und beschwingt.
- [ ] Das Gedicht wirkt traurig und bedrückend.

5 Welche der folgenden Aussagen über den Inhalt des Gedichts „Die Schaukel“ ist richtig?
Kreuze an.

In dem Gedicht wird beschrieben, wie …

- ☐ ein Vogel beschwingt durch die Luft fliegt.
- ☐ ein Mädchen vom Schaukeln träumt.
- ☐ eine Person auf einer Schaukel schwingt.
- ☐ ein Schiff auf hoher See schaukelt.

6 Untersuche die folgenden Aussagen über die Form des Gedichts und entscheide jeweils, ob sie zutreffen oder nicht.
Kreuze an.

	trifft zu	trifft nicht zu
Das Gedicht besteht aus 18 Versen.	☐	☐
Die Verse sind in zwei Strophen untergliedert.	☐	☐
Die ersten zwei Verse jeder Strophe sind im Paarreim verfasst.	☐	☐
Die letzten vier Verse jeder Strophe sind im Kreuzreim verfasst.	☐	☐

7 ★ Die Schaukelbewegung wird in dem Gedicht auch sprachlich umgesetzt. Notiere vier Verse, in denen das Auf und Ab des Schaukelns durch die verwendete Sprache deutlich wird.

____

Lösungen

5 In dem Gedicht wird beschrieben, wie …

- [ ] ein Vogel beschwingt durch die Luft fliegt.
- [ ] ein Mädchen vom Schaukeln träumt.
- [x] eine Person auf einer Schaukel schwingt.
- [ ] ein Schiff auf hoher See schaukelt.

6

	trifft zu	trifft nicht zu
Das Gedicht besteht aus 18 Versen.	☒	☐
Die Verse sind in zwei Strophen untergliedert.	☐	☒
Die ersten zwei Verse jeder Strophe sind im Paarreim verfasst.	☒	☐
Die letzten vier Verse jeder Strophe sind im Kreuzreim verfasst.	☐	☒

> **!**
>
> Die Verse des Gedichts sind in **drei Strophen** untergliedert.
>
> Die letzten vier Verse jeder Strophe weisen einen **umarmenden Reim** auf.

7 V. 4 und 5, V. 16 und 17

★

Adjektiv/Eigenschaftswort

Adjektive **beschreiben** Lebewesen, Gegenstände, Vorgänge oder Tätigkeiten genauer. Sie geben Antwort auf die Frage: Wie ist etwas?

Adjektive …

- werden immer **kleingeschrieben**.
- können **zwischen Artikel** und **Nomen** stehen.
  Beispiele: das **schöne** Haus, das **gute** Essen
- können **Teil des Prädikats** sein, wenn sie bei den Hilfsverben *sein* oder *werden* stehen.
  Beispiele: Das Rennen ist **spannend**. Er wird **böse**.
- können **wie ein Adverb** verwendet werden. Das ist der Fall, wenn sie darüber informieren, **wie** eine Person/eine Sache **etwas tut**.
  Beispiele: Er sprach **leise**. Der Wind weht **stark**.

Beugung (Deklination)

Adjektive, die ein Nomen näher beschreiben, stehen im selben **Kasus (Fall)** und **Numerus (Zahl)** wie das Nomen.

Beispiele: der niedlich**e** Hund (Nominativ, Singular), den niedlich**en** Hund**en** (Dativ, Plural)

Steigerung (Komparation)

- Die meisten Adjektive können **gesteigert** werden.

Grundform (Positiv)	**1. Steigerungsform** (Komparativ)	**2. Steigerungsform** (Superlativ)
fleißig	fleißig**er**	**am** fleißig**sten**
groß	größ**er**	**am** größ**ten**

- Einige Adjektive werden **nicht gesteigert**, da die Grundform schon etwas Endgültiges ausdrückt.
  Beispiele: blau (und alle anderen Farben), falsch, fertig, leer, tot

Aufgepasst ...

Mithilfe der **1. Steigerungsform** (Komparativ) von Adjektiven und dem Vergleichswort *als* lassen sich zwei Dinge/Personen miteinander vergleichen.

Beispiele: Tom ist **größer als** Julia.
Der Baum ist **höher als** das Haus.

Auch mit der **Grundform** von Adjektiven (Positiv) kannst du Vergleiche anstellen. Dann musst du allerdings das Vergleichswort *wie* verwenden.

Beispiele: Tom ist so **groß wie** Julia.
Der Baum ist genauso **hoch wie** das Haus.

1 a) Im Klappentext des Buches „Australien? Australien!“ haben sich viele Adjektive versteckt. Unterstreiche alle Adjektive.

Australien – verlockende Weite, ein Hauch von Abenteuer und das Versprechen von großer Freiheit? Nicht so für Meo. Der 15-Jährige liebt sein ruhiges und überschaubares Leben. Als seine Eltern mit ihm nach Australien ziehen wollen, ist er alles andere als begeistert, lässt sich aber zu einer Rundreise in den Sommerferien überreden. Immerhin, seine pummelige Freundin Odette darf mit! Doch dann verirren sich Meo und Odette im Kakadu-Nationalpark […]. Das Abenteuer ihres Lebens beginnt …

b) Schreibe die Adjektive aus dem Text in ihrer Grundform in die Tabelle und steigere sie anschließend.

Grundform (Positiv)	**1. Steigerungsform (Komparativ)**	**2. Steigerungsform (Superlativ)**

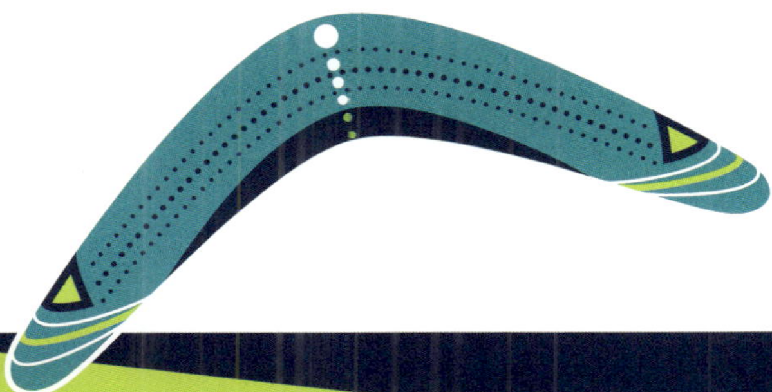

Lösungen

1 a) Australien – verlockende Weite, ein Hauch von Abenteuer und das Versprechen von großer Freiheit? Nicht so für Meo. Der 15-Jährige liebt sein ruhiges und überschaubares Leben. Als seine Eltern mit ihm nach Australien ziehen wollen, ist er alles andere als begeistert, lässt sich aber zu einer Rundreise in den Sommerferien überreden. Immerhin, seine pummelige Freundin Odette darf mit! Doch dann verirren sich Meo und Odette im Kakadu-Nationalpark [...]. Das Abenteuer ihres Lebens beginnt ...

Quelle: Tino Schrödl: Australien! Australien? Ueberreuter Verlag. Berlin 2014, Klappentext

b)

Grundform (Positiv)	**1. Steigerungsform (Komparativ)**	**2. Steigerungsform (Superlativ)**
verlockend	verlockender	am verlockendsten
groß	größer	am größten
ruhig	ruhiger	am ruhigsten
überschaubar	überschaubarer	am überschaubarsten
begeistert	begeisterter	am begeistertsten
pummelig	pummeliger	am pummeligsten

2 Streiche alle Wörter durch, die keine Adjektive sind.

3 Entscheide für jedes der fett gedruckten Wörter, ob es sich um ein Adjektiv handelt oder nicht. Schreibe hinter jedes Adjektiv ein A.

Papa kann es kaum **erwarten** ( ), dass unsere Reise durch Australien endlich **losgeht** ( ). „Das ist **fantastisch** ( )!", ruft er meiner Mutter zu, die nach der **langen** ( ) Reise **miesepetrig** ( ) und **müde** ( ) dreinschaut. Dass er so grenzenlos **begeistert** ( ) ist, kann sie nicht **nachvollziehen** ( ). Und ich auch nicht. Die Luft ist unerträglich **warm** ( ) und **überhaupt** ( ) riecht es hier **komisch** ( ). Doch als wir im Taxi sitzen und Richtung Stadtzentrum fahren, **bessert** ( ) sich meine Laune **schlagartig** ( ) und die Vorfreude auf das Abenteuer Australien steigt.

Lösungen

2

!

Es gibt einige Endungen, die typisch für Adjektive sind.
Dazu zählen die Endungen -**ig**, -**lich**, -**haft**, -**sam**, -**isch**, -**los**, -**reich**, -**voll** und -**bar**.

3 Papa kann es kaum **erwarten** ( ), dass unsere Reise durch Australien endlich **losgeht** ( ). „Das ist **fantastisch** (**A**)!", ruft er meiner Mutter zu, die nach der **langen** (**A**) Reise **miesepetrig** (**A**) und **müde** (**A**) dreinschaut. Dass er so grenzenlos **begeistert** (**A**) ist, kann sie nicht **nachvollziehen** ( ). Und ich auch nicht. Die Luft ist unerträglich **warm** (**A**) und **überhaupt** ( ) riecht es hier **komisch** (**A**). Doch als wir im Taxi sitzen und Richtung Stadtzentrum fahren, **bessert** ( ) sich meine Laune **schlagartig** (**A**) und die Vorfreude auf das Abenteuer Australien steigt.

4 Schreibe in jede Lücke ein passendes Adjektiv und gib in den Klammern den Kasus und den Numerus an, in dem das Adjektiv und das dazugehörige Nomen stehen.

Früh an diesem ________________ Morgen (______________________) gehen wir in die Richtung des Flusses, an dem wir gestern die ________________________ Krokodile (____________________ ____________________) gesehen haben. Leise sage ich zu Odette: „Hast du schon jemals eine so __________________ Landschaft (________________________________) gesehen?“ Sie streicht sich durch ihr ____________________ Haar (_____________________) und antwortet begeistert: „Nein, es ist noch schöner als ich es mir vorgestellt habe!“ Plötzlich tritt der ________________________ Parkranger (____) von hinten an uns heran und sagt mürrisch, dass er uns etwas zeigen wolle. Er führt uns in das Haus der Känguru-Aufzucht. Was wir dort sehen, lässt uns sprachlos dastehen. „Lauter __________________ und ____________ Känguru-Babys (_____________________________) !“, ruft Odette völlig überwältigt.

5 Ergänze die 1. Steigerungsform (Komparativ) der Adjektive, um die Vergleiche zu vervollständigen.

a) Odette ist _______________________ (klein) als Meo.
b) Spaghetti schmecken Meo ______________________ (gut) als Pizza.
c) Neuseeland ist noch _______________________ (weit) entfernt von Deutschland als Australien.
d) Papa ist _______________________ (fröhlich) als Mama.
e) Die Kängurus hüpfen _______________________ (hoch) als erwartet.

Lösungen

4 Früh an diesem **kühlen** Morgen (**Dativ, Singular**) gehen wir in die Richtung des Flusses, an dem wir gestern die **grasgrünen** Krokodile (**Akkusativ, Plural**) gesehen haben. Leise sage ich zu Odette: „Hast du schon jemals eine so **wunderschöne** Landschaft (**Akkusativ, Singular**) gesehen?“ Sie streicht sich durch ihr **kurzes** Haar (**Akkusativ, Singular**) und antwortet begeistert: „Nein, es ist noch schöner als ich es mir vorgestellt habe!“ Plötzlich tritt der **alte** Parkranger (**Nominativ, Singular**) von hinten an uns heran und sagt mürrisch, dass er uns etwas zeigen wolle. Er führt uns in das Haus der Känguru-Aufzucht. Was wir dort sehen, lässt uns sprachlos dastehen. „Lauter **kleine** und **süße** Känguru-Babys (**Nominativ, Plural**)!“, ruft Odette völlig überwältigt.

! Du kannst natürlich auch **andere Adjektive** in die Lücken einsetzen. Kasus und Numerus von Adjektiv und Nomen sind jedoch bereits durch den jeweiligen Satz vorgegeben. Hier gibt es nur eine richtige Lösung.

5
a) Odette ist **kleiner** als Meo.
b) Spaghetti schmecken Meo **besser** als Pizza.
c) Neuseeland ist noch **weiter** entfernt von Deutschland als Australien.
d) Papa ist **fröhlicher** als Mama.
e) Die Kängurus hüpfen **höher** als erwartet.

Um entscheiden zu können, ob du ein Wort groß- oder kleinschreibst, musst du die **Regeln der Großschreibung** kennen.

Folgende Wörter werden immer großgeschrieben:

Wörter am Satzanfang

Die Kinder spielen.

- Satzanfänge, Titel und Überschriften beginnen mit einem Großbuchstaben.

Nomen

Hund, Gesundheit, Freude

- Einige Nomen erkennt man an diesen typischen Nomenendungen: -**ung**, -**heit**, -**keit**, -**nis**, -**schaft**, -**tum**, -**ling**
- Typische Begleiter weisen auf Nomen hin:
  - Artikel (**ein** Mädchen, **der** Junge)
  - Pronomen (**dieser** Junge, **mein** Auto)
  - Adjektive (der **nette** Junge)
  - Präpositionen (**bei** Rot, **in** Summe)

Eigennamen

Sebastian Maier, München, Donau, Rotes Kreuz

- Vor- und Nachnamen, geographische Namen (Städte, Länder, Flüsse, etc.) und Namen von Organisationen/Unternehmen zählen zu Eigennamen.

Nominalisierungen

beim Essen, das Beste

- Eine Nominalisierung liegt vor, wenn Verben oder Adjektive als Nomen gebraucht werden.

Höfliche Anredepronomen

Wie geht es Ihnen, Frau May?

- Alle höflichen Anredepronomen (z.B. Sie, Ihr, Ihre, Ihnen) werden großgeschrieben.

Handelt es sich um eines der genannten Wörter? ▶ **Großschreibung**
Handelt es sich um ein anderes Wort? ▶ **Kleinschreibung**

Aufgepasst ...

Wenn vor einem Wort **kein Begleiter** steht und du unsicher bist, ob eine **Nominalisierung** vorliegt, kannst du die Begleiterprobe anwenden. Dazu setzt du vor das entsprechende Wort einen Begleiter. Ist der Satz auch mit Begleiter noch stimmig, liegt eine Nominalisierung vor. Wenn nicht, schreibst du das Wort klein.

Beispiele:

Ich liebe schwimmen/Schwimmen. (?)

► Ich liebe **das S**chwimmen.

Ich kann gut schwimmen/Schwimmen. (?)

► Ich kann gut ~~das~~ **s**chwimmen.

1 Suche die Wörter, die in der Schlange versteckt sind, indem du nach jedem Wort einen Strich machst. Streiche dann alle Wörter, die nicht großgeschrieben werden, durch.

2 Im Wortgitter sind waagerecht und senkrecht sechs Nomen mit typischen Nomenendungen versteckt. Markiere sie farbig.

Z	U	F	R	I	E	D	E	N	H	E	I	T	X
R	A	H	J	D	X	Y	Q	X	S	F	C	Y	F
L	Y	E	E	S	R	J	P	D	P	K	M	H	R
Q	E	R	R	D	K	N	I	W	A	J	F	B	E
E	C	Z	L	G	B	B	Q	E	N	Z	E	Z	U
U	I	L	E	H	Q	C	C	N	N	T	N	F	N
C	X	I	B	R	O	M	V	J	U	U	L	T	D
U	P	C	N	A	G	G	Y	B	N	S	T	A	S
K	I	H	I	P	F	V	J	S	G	A	W	W	C
M	B	K	S	M	D	I	Y	D	Z	S	Z	I	H
Y	A	E	D	R	E	I	C	H	T	U	M	I	A
Z	M	I	Q	X	V	W	X	Y	L	D	I	O	F
H	K	T	P	B	T	O	V	S	W	K	Z	V	T

Lösungen

1 Zoo, Dschungel, ~~schnell~~, Wirbeltier, Afrika, Affe, ~~beweglich~~, ~~hungrig~~, Vogel, Insekten

2

Z	U	F	R	I	E	D	E	N	H	E	I	T	X
R	A	H	J	D	X	Y	Q	X	S	F	C	Y	F
L	Y	E	E	S	R	J	P	D	P	K	M	H	R
Q	E	R	R	D	K	N	I	W	A	J	F	B	E
E	C	Z	L	G	B	B	Q	E	N	Z	E	Z	U
U	I	L	E	H	Q	C	C	N	N	T	N	F	N
C	X	I	B	R	O	M	V	J	U	U	L	T	D
U	P	C	N	A	G	G	Y	B	N	S	T	A	S
K	I	H	I	P	F	V	J	S	G	A	W	W	C
M	B	K	S	M	D	I	Y	D	Z	S	Z	I	H
Y	A	E	D	R	E	I	C	H	T	U	M	I	A
Z	M	I	Q	X	V	W	X	Y	L	D	I	O	F
H	K	T	P	B	T	O	V	S	W	K	Z	V	T

3 ★ Entscheide für die hervorgehobenen Wörter, ob es sich um Nominalisierungen handelt, die großgeschrieben werden, oder nicht. Streiche die falsche Schreibweise durch.

Tipp: Führe die Begleiterprobe durch, wenn du dir unsicher bist.

Viele Leute fragen sich, was so **toll/~~Toll~~** am **skateboarden/Skateboarden** ist, wenn sie Menschen auf einem rollenden Brett durch die Stadt **fahren/Fahren** sehen. Das **tolle/Tolle** und **schöne/Schöne** sei das Gefühl, wenn der Wind einem durch das Haar fährt, sagen die Skater. Aber woher kommt das **fahren/Fahren** auf dem Rollbrett eigentlich? Vor etwa 60 Jahren erfanden Surfer in den USA das Skateboard. Da sie wegen einer Flaute[1] nicht **surfen/Surfen** konnten, nagelten sie unter **kurze/Kurze** Holzbretter Metallrollen, mit denen sie die Straßen ihrer Stadt hinunterfahren konnten. Mittlerweile ist das **skateboarden/Skateboarden** keine Randsportart mehr: Bald sollen darin sogar olympische Medaillen vergeben werden.

1 Flaute: sehr geringe Bewegung der Luft; Windstille

4 Ergänze die fehlenden Wörter im Brief, indem du in jede Lücke das passende Pronomen schreibst. Achte dabei auf die Groß- und Kleinschreibung.

Liebe Frau Bauer,

ich möchte mich bei ________________ ganz herzlich dafür bedanken, dass ________________ sich so toll um meine Oma kümmern. Wie ________________ wissen, kann ich ________________ leider nicht so oft besuchen, da wir weit weg wohnen. Umso glücklicher bin ich, dass ________________ regelmäßig mit ________________ spazieren gehen und ________________ begleiten, wenn ________________ einen Arzttermin hat. Ich freue mich schon darauf, meine Oma und ________________ in den nächsten Ferien endlich wiederzusehen.

Viele liebe Grüße
Sonja

Lösungen

3 ★ Viele Leute fragen sich, was so **toll**/~~**Toll**~~ am ~~**skateboarden**~~/**Skateboarden** ist, wenn sie Menschen auf einem rollenden Brett durch die Stadt **fahren**/~~**Fahren**~~ sehen. Das ~~**tolle**~~/**Tolle** und ~~**schöne**~~/**Schöne** sei das Gefühl, wenn der Wind einem durch das Haar fährt, sagen die Skater. Aber woher kommt das ~~**fahren**~~/**Fahren** auf dem Rollbrett eigentlich? Vor etwa 60 Jahren erfanden Surfer in den USA das Skateboard. Da sie wegen einer Flaute nicht **surfen**/~~**Surfen**~~ konnten, nagelten sie unter **kurze**/~~**Kurze**~~ Holzbretter Metallrollen, mit denen sie die Straßen ihrer Stadt hinunterfahren konnten. Mittlerweile ist das ~~**skateboarden**~~/**Skateboarden** keine Randsportart mehr: Bald sollen darin sogar olympische Medaillen vergeben werden.

4 Liebe Frau Bauer,

ich möchte mich bei **Ihnen** ganz herzlich dafür bedanken, dass **Sie** sich so toll um meine Oma kümmern. Wie **Sie** wissen, kann ich **sie** leider nicht so oft besuchen, da wir weit weg wohnen. Umso glücklicher bin ich, dass **Sie** regelmäßig mit **ihr** spazieren gehen und **sie** begleiten, wenn **sie** einen Arzttermin hat.
Ich freue mich schon darauf, meine Oma und **Sie** in den nächsten Ferien endlich wiederzusehen.

Viele liebe Grüße

Sonja

5 ★ Unterstreiche alle Wörter im Text, die großgeschrieben werden müssen.

„aufgrund der hohen temperaturen …“, knarzt es durch den schullautsprecher und eine ahnung schwappt ins klassenzimmer, „… gibt es heute ab der fünften stunde …“ – ein raunen geht durch die schulbänke und irgendwann kommt tatsächlich das magische wort: „hitzefrei“. obwohl man davon nur den ersten teil hört. der zweite teil geht in jubel und grölen unter: freibad, zitroneneis, arschbombe.

hitzefrei wird in diesen tagen 125 jahre alt. damals gab es eine offizielle anweisung: um 10 uhr vormittags wird gemessen. zeigt das thermometer mehr als 25 grad im schatten, gibt es ab der fünften stunde hitzefrei.

das ist schon lange nicht mehr so. es gibt keine allgemeine regel mehr, wann es zu heiß für schulunterricht ist. über hitzefrei entscheidet in deutschland der schuldirektor oder die schuldirektorin. punkt. das ist ja auch sinnvoll, weil jedes schulgebäude sich unterschiedlich aufheizt. glaubt man den schülern, haben direktoren grundsätzlich ihr büro im kühleren teil des schulgebäudes. da fühlen die das hitzefreiwetter erst ein paar grad später.

6 Warum werden die unterstrichenen Wörter großgeschrieben? Notiere die Begründung stichpunktartig.

a) Ein Raunen geht durch die Schulbänke.

____

b) Es gibt keine allgemeine Regel.

____

Lösungen

5 ★ „aufgrund der hohen temperaturen …“, knarzt es durch den schullautsprecher und eine ahnung schwappt ins klassenzimmer, „… gibt es heute ab der fünften stunde …“ – ein raunen geht durch die schulbänke und irgendwann kommt tatsächlich das magische Wort: „hitzefrei“. obwohl man davon nur den ersten teil hört. der zweite teil geht in jubel und grölen unter: freibad, zitroneneis, arschbombe.

hitzefrei wird in diesen tagen 125 jahre alt. damals gab es eine offizielle anweisung: um 10 uhr vormittags wird gemessen. zeigt das thermometer mehr als 25 grad im schatten, gibt es ab der fünften stunde hitzefrei.

das ist schon lange nicht mehr so. es gibt keine allgemeine regel mehr, wann es zu heiß für schulunterricht ist. über hitzefrei entscheidet in deutschland der schuldirektor oder die schuldirektorin. punkt. das ist ja auch sinnvoll, weil jedes schulgebäude sich unterschiedlich aufheizt. glaubt man den schülern, haben direktoren grundsätzlich ihr büro im kühleren teil des schulgebäudes. da fühlen die das hitzefreiwetter erst ein paar grad später.

Quelle: Georg Cadeggianini: Hitzefrei. Süddeutsche Zeitung, 23. 06. 2017, aus didaktischen Gründen gekürzt und verändert.

6 a) Ein Raunen geht durch die Schulbänke.
Nominalisierung des Verbs „raunen“

b) Es gibt keine allgemeine Regel.
Nomen

Um andere Menschen von deiner Meinung überzeugen zu können, brauchst du gute **Argumente**. Ein vollständiges Argument besteht aus drei Teilen: einer **Behauptung**, einer **Begründung** und einem **Beispiel**.

Beispiel: Pia soll am Wochenende für die Klassenarbeit in Biologie lernen, möchte aber lieber mit ihren Eltern in den Zoo gehen. Um ihre Eltern zu überzeugen, überlegt sich Pia ein gutes Argument:

Behauptung (deine Meinung)	Die Behauptung ist der **Kern** eines Arguments. Es handelt sich um eine grundlegende **Feststellung** oder **Meinung**. Sie besteht meist nur aus einem Satz.	Bei einem Zoobesuch lerne ich mehr über Tiere als aus dem Biologiebuch, …
Begründung	Mit der Begründung zeigst du auf, **warum** du eine bestimmte Meinung vertrittst. In der Regel wird sie durch die Konjunktionen **weil**, **da** oder **denn** an die Behauptung angehängt.	…, weil ich im Zoo die Verhaltensweisen der Tiere selbst beobachten kann und mir das Wissen so besser im Gedächtnis bleibt.
Beispiel	Besonders **anschaulich** wird ein Argument, wenn auf die Begründung noch ein **Beispiel** folgt.	Das neue Elefantenhaus ist z. B. so gebaut, dass man die Tiere ideal beobachten kann. Auch erfährt man dort viel über den Schutz der Tiere.

So formulierst du deine Meinung überzeugend:

- ✓ Schreibe im **Präsens**.
- ✓ Erkläre deine Meinung möglichst **ausführlich** und **logisch**.
- ✓ Nenne **Gründe**, die deine Meinung stützen.
- ✓ Führe anschauliche **Beispiele** aus deinem Lebensumfeld an.
- ✓ Verknüpfe die einzelnen Argumente mit **Überleitungen** (z.B. zunächst, außerdem, des Weiteren, schließlich).

Aufgepasst ...

Überlege dir immer, **wen** du von deiner **Meinung überzeugen** willst, und wähle deine Argumente dementsprechend aus. Möchtest du mit deinen Eltern in den Zoo gehen, wählst du vermutlich andere Argumente, als wenn du einen Freund/eine Freundin dazu bringen möchtest, mitzukommen.

1 Alex und Vroni gehen auf eine Schule südlich von München. Sie überlegen, ob sie am Wandertag im Oktober mit ihrer Klasse in die Berge fahren könnten, um auf eine Alm zu wandern. Mithilfe einer Ideensammlung wollen sie abwägen, welche Gründe dafür und welche dagegen sprechen. Ergänze die Ideensammlung.

Das spricht für die Wanderung:	**Das spricht gegen die Wanderung:**
• Anfahrt mit dem Zug möglich	• Freizeitangebot in München ist vielfältiger und interessanter
• Spielplatz mit Streichelzoo auf der Alm	•
•	•
•	•
•	

2 Vroni und Alex entscheiden sich für die Wanderung. Nun müssen sie ihre Mitschüler überzeugen. Hilf ihnen, ihre Idee überzeugend vorzutragen, indem du ein Argument ausformulierst.

Wir möchten am Wandertag gerne mit euch auf eine Alm wandern. Ein Grund, der dafür spricht, ist ______________________________

____

____

____

____

Lösungen

1

Das spricht für die Wanderung:

- *Anfahrt mit dem Zug möglich*
- *Spielplatz mit Streichelzoo auf der Alm*
- kostengünstiger Ausflug
- Klassenzusammenhalt wird gestärkt
- Bewegung an der frischen Luft ist gesund

Das spricht gegen die Wanderung:

- *Freizeitangebot in München ist vielfältiger und interessanter*
- unsichere Wetterlage (Regen, Kälte)
- Aufstieg als Gruppe kaum möglich (jeder Schüler hat sein eigenes Gehtempo)
- unsportlichere Schüler haben keinen Spaß beim Wandern

2 *Lösungsvorschlag:*

Wir möchten am Wandertag gerne mit euch auf eine Alm wandern. Ein Grund, der dafür spricht, ist, dass wir unserer Gesundheit damit etwas Gutes tun, weil wir uns beim Wandern den ganzen Tag an der frischen Luft bewegen. Es gibt zum Beispiel nach dem Aufstieg zur Alm noch die Möglichkeit, auf einem Spielplatz zu toben oder bis zum Gipfel zu laufen.

3 Alex hat einige der Argumente, die für die Wanderung sprechen, ausformuliert. Vervollständige seinen Text, indem du in jede Lücke eine passende Überleitung aus dem Wortspeicher einträgst.

zudem | außerdem | zunächst einmal | zum einen | hinzu kommt | zum anderen | schließlich

Wir möchten am Wandertag gerne in die Berge fahren und auf eine Alm wandern. Es gibt viele Gründe, die für diesen Ausflug sprechen. ______________________________ ist er mit einer kurzen und unkomplizierten Anfahrt verbunden. Wir können zum Beispiel mit dem Zug direkt nach Tegernsee fahren, ohne umsteigen zu müssen, und von dort aus loswandern. ______________________________ ist der Ausflug in die Berge preisgünstig, da wir für die Wanderung nichts zahlen müssen. ______________________________, dass auch die Anfahrt vergleichsweise billig ist, denn es gibt die Möglichkeit, vergünstigte Gruppentickets zu lösen. Wir sparen uns also nicht nur das Geld für einen gemieteten Bus, sondern auch für teure Eintrittskosten, die zum Beispiel mit dem Besuch eines Museums oder Freizeitparks verbunden wären.
______________________________ stärkt das gemeinsame Wandern den Zusammenhalt in der Klasse, da wir beim Aufstieg viel Zeit haben, um uns miteinander zu unterhalten. Während der Schulzeit bleibt dafür oft nur wenig Zeit. Beim Wandern hätten wir die Gelegenheit, uns besser kennenzulernen und intensiv auszutauschen.
______________________________ kann der Aufenthalt auf der Alm flexibel gestaltet werden – für jeden ist etwas dabei. ______________________________ erwartet uns dort ein großer Spielplatz mit Streichelzoo. ______________________________ gibt es natürlich die Möglichkeit, etwas zu essen oder sich einfach nur in der Sonne zu erholen.

3 Wir möchten am Wandertag gerne in die Berge fahren und auf eine Alm wandern. Es gibt viele Gründe, die für diesen Ausflug sprechen.
Zunächst einmal ist er mit einer kurzen und unkomplizierten Anfahrt verbunden. Wir können zum Beispiel mit dem Zug direkt nach Tegernsee fahren, ohne umsteigen zu müssen, und von dort aus loswandern.
Außerdem/Zudem ist der Ausflug in die Berge preisgünstig, da wir für die Wanderung nichts zahlen müssen. **Hinzu kommt**, dass auch die Anfahrt vergleichsweise billig ist, denn es gibt die Möglichkeit, vergünstigte Gruppentickets zu lösen. Wir sparen uns also nicht nur das Geld für einen gemieteten Bus, sondern auch für teure Eintrittskosten, die zum Beispiel mit dem Besuch eines Museums oder Freizeitparks verbunden wären.
Zudem/Außerdem stärkt das gemeinsame Wandern den Zusammenhalt in der Klasse, da wir beim Aufstieg viel Zeit haben, um uns miteinander zu unterhalten. Während der Schulzeit bleibt dafür oft nur wenig Zeit. Beim Wandern hätten wir die Gelegenheit, uns besser kennenzulernen und intensiv auszutauschen.
Schließlich kann der Aufenthalt auf der Alm flexibel gestaltet werden – für jeden ist etwas dabei. **Zum einen** erwartet uns dort ein großer Spielplatz mit Streichelzoo. **Zum anderen** gibt es natürlich die Möglichkeit, etwas zu essen oder sich einfach nur in der Sonne zu erholen.

Satzarten

Die verschiedenen **Satzarten** lassen sich anhand der **Satzschlusszeichen** unterscheiden.

Satzart	Beispiele
Aussagesatz	Das Wetter ist schön. Ulf liebt sein Auto.
Fragesatz	Gehen wir ins Kino? Wie geht es dir?
Aufforderungssatz	Geh in dein Zimmer! Hör mir zu! Erzähl mir bitte eine Geschichte.
Ausrufesatz	Ich freue mich so! Wie kalt es hier ist! Ist das aber schön!

Zudem wird zwischen Hauptsätzen (HS) und Nebensätzen (NS) unterschieden.

Hauptsatz

Jeder eigenständige Satz, der **allein** stehen kann, ist ein Hauptsatz. Das finite Verb steht im Hauptsatz an der **zweiten Satzgliedstelle**.

Beispiel: Das Wetter ist schön.

Nebensatz

Nebensätze können **nicht allein** stehen. Sie sind auf einen Hauptsatz angewiesen und werden durch ein Komma von ihm abgetrennt. Das finite Verb steht im Nebensatz an der **letzten Satzgliedstelle**.

Beispiel: Das Wetter ist schön, da die Sonne scheint.

Hauptsatz *Nebensatz*

Aufgepasst ...

Bei mündlichen Unterhaltungen erkennt man die Satzart an der **Intonation**, das bedeutet an der Stimmlage des Sprechers.

- Bei Fragesätzen **hebt** sich die Stimme zum Satzende hin.
- Bei Aussage-, Aufforderungs- und Ausrufesätzen **fällt** die Stimme zum Satzende hin **ab**.

1 Entscheide für jeden Satz, um welche Satzart es sich handelt. Trage dazu die passende Zahl in den Kreis ein. Setze dann das richtige Satzzeichen.

1 = Aussagesatz, **2** = Aufforderungssatz, **3** = Ausrufesatz, **4** = Fragesatz

Lernen wir bei dir oder bei mir ◯

Ich möchte lieber bei mir lernen ◯

Wieso willst du nicht zu mir kommen ◯

Ich habe das Deutschbuch zu Hause vergessen ◯

Lass uns zu mir gehen ◯

Du musst dich wirklich immer durchsetzen ◯

Bist du jetzt beleidigt ◯

Ach was, das ist schon in Ordnung ◯

Lösungen

1

Lernen wir bei dir oder bei mir? (4)

Ich möchte lieber bei mir lernen. (1)

Wieso willst du nicht zu mir kommen? (4)

Ich habe das Deutschbuch zu Hause vergessen. (1)

Lass uns zu mir gehen! (2)

Du musst dich wirklich immer durchsetzen! (3)

Bist du jetzt beleidigt? (4)

Ach was, das ist schon in Ordnung. (1)

2 Ergänze die Satzschlusszeichen im Text.

Die schwedische Autorin Astrid Lindgren schrieb die berühmte Kinderbuchreihe „Pippi Langstrumpf“. Im folgenden Text erfährst du, wie sie auf die Idee dazu gekommen ist.

Schweden 1941

„Mami, erzähl mir von Pippi Langstrumpf “ – Pippi wer Astrid Lindgren blickt ihre Tochter Karin verdutzt an Die Siebenjährige liebt es, sich lustige Namen auszudenken Aber dieser ist nun besonders schräg Wie ist Karin bloß darauf gekommen Der Winter 1941 ist kalt, hier in Schwedens Hauptstadt Stockholm Seit Tagen liegt Karin hustend und mit Fieber im Bett Fantasiert sie jetzt etwa schon Astrid fragt nicht weiter, überlegt einen Moment – und erfindet kurzerhand Pippilotta Viktualia Rollgardina Pfefferminz Efraimstochter Langstrumpf, „Pippi“ genannt Ein Mädchen mit karottenroten Zöpfen, das allein in der Villa Kunterbunt wohnt Nur das Äffchen Herr Nilsson ist bei ihm und der Kleine Onkel, ein Pferd, das Pippi, wenn sie das Haus putzen muss, einfach auf die Veranda trägt Denn Pippi ist das stärkste Mädchen der Welt Und sie tut, was ihr gefällt

3 Die folgenden Sprüche stammen von Pippi Langstrumpf. Kreise alle finiten Verben in den Sätzen ein und unterstreiche anschließend in jedem Spruch den Hauptsatz.

a) Ich bin mutig und stark, weil ich es kann.

b) Ich mache heute frei, da ich die Seele baumeln lassen möchte.

c) Ich mache mir die Welt, wie sie mir gefällt.

d) Ich lasse mich nicht unterkriegen, weil ich frech, wild und wunderbar bin.

Lösungen

2 Schweden 1941

„Mami, erzähl mir von Pippi Langstrumpf!“ – Pippi wer?
Astrid Lindgren blickt ihre Tochter Karin verdutzt an. Die Siebenjährige liebt es, sich lustige Namen auszudenken. Aber dieser ist nun besonders schräg. Wie ist Karin bloß darauf gekommen? Der Winter 1941 ist kalt, hier in Schwedens Hauptstadt Stockholm. Seit Tagen liegt Karin hustend und mit Fieber im Bett. Fantasiert sie jetzt etwa schon? Astrid fragt nicht weiter, überlegt einen Moment – und erfindet kurzerhand Pippilotta Viktualia Rollgardina Pfefferminz Efraimstochter Langstrumpf, „Pippi“ genannt. Ein Mädchen mit karottenroten Zöpfen, das allein in der Villa Kunterbunt wohnt. Nur das Äffchen Herr Nilsson ist bei ihm und der Kleine Onkel, ein Pferd, das Pippi, wenn sie das Haus putzen muss, einfach auf die Veranda trägt. Denn Pippi ist das stärkste Mädchen der Welt. Und sie tut, was ihr gefällt!

Quelle: Wiebke Plasse: Astrid Lindgren. Im Internet unter: http://www.geo.de/geolino/mensch/astrid-lindgren-autorin-leben-werk, abgerufen am 13. 11. 2017, aus didaktischen Gründen gekürzt.

3

a) Ich bin mutig und stark, weil ich es kann.

b) Ich mache heute frei, da ich die Seele baumeln lassen möchte.

c) Ich mache mir die Welt, wie sie mir gefällt.

d) Ich lasse mich nicht unterkriegen, weil ich frech, wild und wunderbar bin.

4 a) Verbinde jeweils einen Hauptsatz und einen Nebensatz miteinander. Achte darauf, dass die Sätze inhaltlich stimmig sind.

Tobias wandert auf einen Berg,	
	spaziert er zurück ins Tal.
Nachdem er am Gipfel gewesen ist,	
	weil er die Aussicht genießen möchte.
Im Tal geht er in das Schwimmbad,	
	ruft ihn seine Mutter mehrmals an.
Während er dort schwimmt,	
	weil er schon so lange unterwegs ist.
Sie macht sich große Sorgen,	
	welches er so sehr mag.

b) Unterstreiche alle finiten Verben in den Sätzen und entscheide jeweils, welcher Satz der Hauptsatz (HS) und welcher der Nebensatz (NS) ist.

c) Welche Besonderheit fällt dir bei der Verbstellung in den Hauptsätzen auf? Notiere sie in 1–2 Sätzen.

____

____

____

____

____

Lösungen

4 a) und b)

HS
Tobias wandert auf einen Berg,

NS
Nachdem er am Gipfel gewesen ist,

HS
Im Tal geht er in das Schwimmbad,

NS
Während er dort schwimmt,

HS
Sie macht sich große Sorgen,

HS
spaziert er zurück ins Tal.

NS
weil er die Aussicht genießen möchte.

HS
ruft ihn seine Mutter mehrmals an.

NS
weil er schon so lange unterwegs ist.

NS
welches er so sehr mag.

c) Wenn der Hauptsatz nach dem Nebensatz steht, verändert sich die Verbstellung im Hauptsatz. Das finite Verb des Hauptsatzes steht dann nicht auf der zweiten Satzgliedposition, sondern auf der ersten. Der Hauptsatz beginnt dann also mit dem finiten Verb.

Lesen – Sachtexte

Sachtexte begegnen uns in Zeitungen, Magazinen oder auch im Internet. Ihre **Hauptaufgabe** ist es, den Leser zu **informieren**. Mithilfe der **Fünf-Schritt-Lesemethode** gelingt es dir, Sachtexte zu verstehen und ihnen wichtige Informationen zu entnehmen.

1 Verschaffe dir einen Überblick!

- Lies die Überschrift und die Zwischenüberschriften.
- Sieh dir Bilder, Diagramme oder Grafiken im Text an.
- Überfliege den Text.
- Überlege, was du zum Thema bereits weißt.

2 Stelle Fragen!

- Überlege, welche Fragen dir der Text beantworten könnte.
- Notiere diese Fragen.

3 Lies genau!

- Lies den Text jetzt gründlich.
- Unterstreiche wichtige Informationen.
- Schlage unbekannte Wörter im Lexikon nach.
- Markiere Textpassagen, die du nicht verstanden hast.

4 Gliedere und finde Zwischenüberschriften!

- Teile den Text in Sinnabschnitte ein.
- Fasse die Sinnabschnitte knapp zusammen.
- Finde eine Zwischenüberschrift für jeden Abschnitt.

5 Fasse die Hauptaussage zusammen!

- Wiederhole die wichtigsten Informationen des Textes.
- Fasse den Text mit eigenen Worten zusammen.

Aufgepasst ...

Wusstest du, dass auch Kochrezepte zu den Sachtexten zählen? Es gibt ganz **verschiedene Arten von Sachtexten**. Je nachdem, um welchen Sachtext es sich handelt, ändert sich die **Absicht**, die der Text verfolgt. Ein Kochrezept etwa will dem Leser einen Ablauf so genau beschreiben, dass er ihn nachmachen kann. Mit einem Werbeflyer wird die Absicht verfolgt, den Leser zum Kauf eines Produkts zu bewegen. Auch Interviews, Gebrauchsanweisungen, Leserbriefe oder die Schulordnung sind Sachtexte.

Mein Freund im Netz

Ossi Glossy schminkt sich. Lukas Rieger singt. Die Zwillinge Lisa und Lena tanzen. Dagibee packt Einkaufstüten aus. Eines verbindet sie: Sie sind Influencer. So nennt man Social-Media-Stars, die so viele Fans haben, dass sie mit dem, was sie posten, einen Einfluss (auf Englisch *influence*) haben.

Das ist auch für Firmen ziemlich interessant. Zwischen Tanz und Quatsch, Musik und Spaß versteckt sich deswegen zum Beispiel in Youtube-Videos auch mehr und mehr Werbung – so geht Geldverdienen im Internet.

Damit sind nicht nur die Werbeclips vor den Videos gemeint. Internetstars verdienen viel mehr, wenn sie in ihren Posts noch selbst irgendwelche Produkte empfehlen.

Youtubern, Instagrammern, Snapchattern und Bloggern kann man sich nah fühlen. Schließlich winken sie einem aus ihrem Jugendzimmer zu, wo sie denselben Kram machen wie man selbst – nur irgendwie besser. Wenn sie dann so ganz nebenbei erzählen, welches Eis sie mögen, welche Wimperntusche nicht klumpt und welche Kamera sie benutzen, fühlt sich das nicht wie Werbung an, sondern wie ein Tipp von der besten Freundin. Dabei hat eine Marke für diesen Tipp eine Menge Geld bezahlt. Manche Stars verdienen so mehrere Hunderttausend Euro im Jahr. Aber geben die dann noch die Tipps, von denen sie selbst überzeugt sind?

Lösungen

Mögliche Vorgehensweise:

1 Mein Freund im Netz

Ossi Glossy schminkt sich. Lukas Rieger singt. Die Zwillinge Lisa und Lena tanzen. Dagibee packt Einkaufstüten aus. Eines verbindet sie: Sie sind Influencer. So nennt man Social-Media-Stars, die so viele Fans haben, dass sie mit dem, was sie posten, einen Einfluss (auf Englisch *influence*) haben.

Das ist auch für Firmen ziemlich interessant. Zwischen Tanz und Quatsch, Musik und Spaß versteckt sich deswegen zum Beispiel in Youtube-Videos auch mehr und mehr Werbung – so geht Geldverdienen im Internet.

Damit sind nicht nur die Werbeclips vor den Videos gemeint. Internetstars verdienen viel mehr, wenn sie in ihren Posts noch selbst irgendwelche Produkte empfehlen.

Youtubern, Instagrammern, Snapchattern und Bloggern kann man sich nah fühlen. Schließlich winken sie einem aus ihrem Jugendzimmer zu, wo sie denselben Kram machen wie man selbst – nur irgendwie besser. Wenn sie dann so ganz nebenbei erzählen, welches Eis sie mögen, welche Wimperntusche nicht klumpt und welche Kamera sie benutzen, fühlt sich das nicht wie Werbung an, sondern wie ein Tipp von der besten Freundin. Dabei hat eine Marke für diesen Tipp eine Menge Geld bezahlt. Manche Stars verdienen so mehrere Hunderttausend Euro im Jahr. Aber geben die dann noch die Tipps, von denen sie selbst überzeugt sind?

Netz = Internet

Auf wen haben Influencer einen Einfluss?

Warum sind Influencer für Firmen interessant?

Erste Möglichkeit, um Geld zu verdienen

Zweite Möglichkeit, um Geld zu verdienen

„nah fühlen“→ wie einem Freund

→ deshalb Wort „Freund“ in der Überschrift

Marke = Firma

Problem: Tipps sind vielleicht nicht glaubwürdig

Quelle: Barbara Vorsamer: Mein Freund im Netz. Im Internet unter: http://www.sueddeutsche.de/leben/thema-der-woche-mein-freund-im-netz-1.3637597, 26. 08. 2017, aus didaktischen Gründen gekürzt und leicht verändert.

1 Wende die ersten drei Schritte der Fünf-Schritt-Lesemethode auf den Text „Mein Freund im Netz“ an. Am rechten Rand hast du Platz für Notizen.

2 a) Beantworte die folgenden Aufgaben zum Text „Mein Freund im Netz“. Kreuze jeweils die richtige Antwort an.

Influencer sind Social-Media-Stars, die …

- ☐ durch Werbung bekannt geworden sind.
- ☐ so schnell wie möglich reich werden wollen.
- ☐ mit Videos im Internet viele Leute erreichen.
- ☐ sich von großen Firmen beeinflussen lassen.

b) Social-Media-Stars werden dafür bezahlt, dass sie …

- ☐ Videos über ihr Leben auf Youtube veröffentlichen.
- ☐ in ihren Posts Produkte von Firmen empfehlen.
- ☐ vor laufender Kamera singen und tanzen.
- ☐ als Schauspieler in Werbeclips mitspielen.

3 Sind die folgenden Aussagen richtig, falsch oder nicht im Text enthalten? Kreuze an.

Influencer sind für Firmen so interessant, weil sie …

	richtig	falsch	nicht enthalten
unauffällig Werbung für Produkte machen.	☐	☐	☐
viel Quatsch machen und gut singen können.	☐	☐	☐
mit ihren Videos sehr viele Menschen erreichen.	☐	☐	☐
wissen, welche Wimperntusche nicht klumpt.	☐	☐	☐
alle sehr gut Englisch sprechen können.	☐	☐	☐

Lösungen

2 a) Influencer sind Social-Media-Stars, die …

- ☐ durch Werbung bekannt geworden sind.
- ☐ so schnell wie möglich reich werden wollen.
- ☒ mit Videos im Internet viele Leute erreichen.
- ☐ sich von großen Firmen beeinflussen lassen.

b) Social-Media-Stars werden dafür bezahlt, dass sie …

- ☐ Videos über ihr Leben auf Youtube veröffentlichen.
- ☒ in ihren Posts Produkte von Firmen empfehlen.
- ☐ vor laufender Kamera singen und tanzen.
- ☐ als Schauspieler in Werbeclips mitspielen.

3 Influencer sind für Firmen so interessant, weil sie …

	richtig	falsch	nicht enthalten
unauffällig Werbung für Produkte machen.	☒	☐	☐
viel Quatsch machen und gut singen können.	☐	☒	☐
mit ihren Videos sehr viele Menschen erreichen.	☒	☐	☐
wissen, welche Wimperntusche nicht klumpt.	☐	☒	☐
alle sehr gut Englisch sprechen können.	☐	☐	☒

4 Welches Problem wird am Ende des Textes angesprochen? Vervollständige die Erklärung. Schreibe dazu jedes Wort aus dem Wortspeicher in die passende Lücke.

Fans – Influencer – Produkten – Firmen

Dadurch dass die ____________________ von ________________ für die Empfehlung von bestimmten ______________________ bezahlt werden, geben sie ihren ____________________ nicht mehr unbedingt die Tipps, von denen sie selbst auch tatsächlich überzeugt sind.

5 ★ Ordne jedem Sinnabschnitt eine passende Zwischenüberschrift zu, indem du sie miteinander verbindest.

1. Sinnabschnitt (Z. 1–7)

2. Sinnabschnitt (Z. 8–12)

3. Sinnabschnitt (Z. 13–31)

Influencer verdienen durch versteckte Werbung Geld

Social-Media-Stars als Influencer

Firmen nutzen Influencer für die Werbung

6 ★ Fasse den Inhalt des Sachtextes in eigenen Worten zusammen. Schreibe 1–2 Sätze.

In dem Text „Mein Freund im Netz“ von Barbara Vorsamer …

____

____

____

Lösungen

4 Dadurch dass die **Influencer** von **Firmen** für die Empfehlung von bestimmten **Produkten** bezahlt werden, geben sie ihren **Fans** nicht mehr unbedingt die Tipps, von denen sie selbst auch tatsächlich überzeugt sind.

5

1. Sinnabschnitt (Z. 1–7) – Social-Media-Stars als Influencer

2. Sinnabschnitt (Z. 8–12) – Firmen nutzen Influencer für die Werbung

3. Sinnabschnitt (Z. 13–31) – Influencer verdienen durch versteckte Werbung Geld

6 *Lösungsvorschlag:*

In dem Text „Mein Freund im Netz“ von Barbara Vorsamer wird erklärt, wie Social-Media-Stars zu sogenannten Influencern werden und wie diese durch die versteckte Werbung in ihren Videos Geld verdienen.

Tempora

Mithilfe der sechs Zeitformen (**Tempora**) wird ausgedrückt, **wann** das im Satz Geäußerte passiert oder passiert ist.

Zeitform der Gegenwart

Präsens	Das Präsens verwendest du, wenn du über etwas informierst, … • das gerade im **Moment** geschieht. • das **immer** gilt.	Ich **fahre** zum See. Ich **heiße** Sina.

Zeitformen der Vergangenheit

Präteritum	Das Präteritum drückt aus, dass etwas Vergangenes **abgeschlossen** ist.	Ich **fuhr** zum See.
Perfekt *Präsensform von haben/sein + Partizip II des Verbs*	Mit dem Perfekt drückt man aus, dass eine Handlung in der Vergangenheit **abgeschlossen** ist. Oft hält das **Ergebnis** noch bis in die Gegenwart an. Das Perfekt wird vor allem in der **gesprochenen Sprache** verwendet.	Ich **habe** ein Brot **gegessen**. → Jetzt bin ich satt. (Ergebnis)
Plusquamperfekt *Präteritumform von haben/sein + Partizip II des Verbs*	Das Plusquamperfekt nennt man auch **Vorvergangenheit**. Es drückt aus, dass etwas in der Vergangenheit geschieht und zwar noch **vor dem**, was im **Präteritum** steht.	Bevor ich in den See **sprang**, (Präteritum) **hatte** ich den Berg **bestiegen**. (Plusquamperfekt)

Zeitformen der Zukunft

Futur I *Präsensform von werden + Infinitiv des Verbs*	Das Futur I drückt aus, dass etwas in der **Zukunft** geschehen wird.	Ich **werde** in die Berge **fahren**.
Futur II *Präsensform von werden + Partizip II des Verbs + Infinitiv von haben/sein*	Das Futur II drückt aus, dass etwas in der Zukunft **abgeschlossen** sein wird. Du verwendest es auch, um **Vermutungen** auszudrücken.	Ich **werde** in die Berge **gefahren sein**.

Aufgepasst …

Vielleicht hilft es dir, dir die Zeitformen mithilfe eines **Zeitstrahls** einzuprägen:

Vergangenheit		Gegenwart	Zukunft
Plusquamperfekt *ich war gegangen*	Präteritum *ich ging* Perfekt *ich bin gegangen*	Präsens *ich gehe*	Futur I *ich werde gehen* Futur II *ich werde gegangen sein*

1 Lies den Klappentext des Buches „Jake Djones und die Hüter der Zeit“. Unterstreiche alle Verben und notiere anschließend die Zeitform, in der der Text steht.

Jake Djones führt ein ganz gewöhnliches Leben – bis er eines Tages vom Geheimbund der Geschichtshüter erfährt. Die Agenten dieses Bundes eröffnen Jake nicht nur, dass er durch die Zeit reisen kann, sie benötigen auch noch seine Hilfe. Der skrupellose Prinz Xander Zeldt will die Vergangenheit nach seinem Willen verändern und der Welt damit für alle Zeit seine Herrschaft aufzwingen. Gemeinsam mit den besten Agenten der Geschichtshüter begibt Jake sich auf eine gefährliche Mission ins Venedig des 16. Jahrhunderts. Das Schicksal der Menschheit hängt allein von ihrer Entschlossenheit ab – in der Vergangenheit, der Gegenwart und der Zukunft ...

Der Klappentext steht im ______________________________

2 Füge in den folgenden Sätzen die Verben im Perfekt ein.

a) Ich __________ das Buch „Jake Djones“ ________________. (lesen)

b) Tim __________ mir das Buch ________________. (ausleihen)

c) Jake Djones __________ viele Abenteuer ________________. (erleben)

d) Er __________ zum Beispiel im Kolosseum ________________. (kämpfen)

e) Jake __________ auch ins chinesische Kaiserreich ________________. (reisen)

f) Das Buch __________ so spannend ________________ (sein), dass ich es in nur einer Woche ______________________. (verschlingen)

Lösungen

1 Jake Djones führt ein ganz gewöhnliches Leben – bis er eines Tages vom Geheimbund der Geschichtshüter erfährt. Die Agenten dieses Bundes eröffnen Jake nicht nur, dass er durch die Zeit reisen kann, sie benötigen auch noch seine Hilfe. Der skrupellose Prinz Xander Zeldt will die Vergangenheit nach seinem Willen verändern und der Welt damit für alle Zeit seine Herrschaft aufzwingen. Gemeinsam mit den besten Agenten der Geschichtshüter begibt Jake sich auf eine gefährliche Mission ins Venedig des 16. Jahrhunderts. Das Schicksal der Menschheit hängt allein von ihrer Entschlossenheit ab – in der Vergangenheit, der Gegenwart und der Zukunft ...

Der Klappentext steht im **Präsens**.

Quelle: Damian Dibben: Jake Djones und die Hüter der Zeit. Penhaligon Verlag (Verlagsgruppe Random House). München 2012, Klappentext

2
a) Ich **habe** das Buch „Jake Djones“ **gelesen**.
b) Tim **hat** mir das Buch **ausgeliehen**.
c) Jake Djones **hat** viele Abenteuer **erlebt**.
d) Er **hat** zum Beispiel im Kolosseum **gekämpft**.
e) Jake **ist** auch ins chinesische Kaiserreich **gereist**.
f) Das Buch **ist** so spannend **gewesen**, dass ich es in nur einer Woche **verschlungen habe**.

3 Trage die fehlenden Zeitformen im Präteritum ein.

	Infinitiv	wagen	sehen	bringen
SINGULAR	1. Person		**ich sah**	
	2. Person			**du brachtest**
	3. Person	**er/sie/es wagte**		
PLURAL	1. Person			**wir brachten**
	2. Person		**ihr saht**	
	3. Person			

4 In jedem der Sätze muss ein Verb im Plusquamperfekt stehen. Streiche jeweils die falsche Präteritumform durch und notiere auf der Linie die richtige Form im Plusquamperfekt.

Tipp: Überlege für jeden Satz, welche Handlung zuerst geschah. Diese steht im Plusquamperfekt.

a) Nachdem Jake den Auftrag erledigte, musste er wieder die Schulbank drücken.

____

b) Bevor er zu seinen Eltern zurückkehrte, reiste er um die ganze Welt.

____

c) Nachdem Jake zurückkam, traf er seine Freunde.

____

Lösungen

3

	Infinitiv	wagen	sehen	bringen
SINGULAR	1. Person	ich wagte	**ich sah**	ich brachte
	2. Person	du wagtest	du sahst	**du brachtest**
	3. Person	**er/sie/es wagte**	er/sie/es sah	er/sie/es brachte
PLURAL	1. Person	wir wagten	wir sahen	**wir brachten**
	2. Person	ihr wagtet	**ihr saht**	ihr brachtet
	3. Person	sie wagten	sie sahen	sie brachten

!

Man unterscheidet bei der Bildung des Präteritums zwischen **schwachen** (regelmäßigen), **starken** (unregelmäßigen) und **gemischten Verben**.

- **Schwache Verben:** An den Wortstamm wird ein **-t** und die jeweilige Personalendung angehängt.
  Beispiel: wagen: ich wag-**t**-**e**
- **Starke Verben:** Der **Stammvokal** verändert sich im Präteritum.
  Beispiel: s**e**hen: ich s**a**h
- **Gemischte Verben:** Der **Stammvokal** verändert sich **und** an den Stamm wird ein **-t** und die **Personalendung** angehängt.
  Beispiel: br**i**ngen: ich br**a**ch-**t**-**e**

4

a) Nachdem Jake den Auftrag ~~erledigte~~, musste er wieder die Schulbank drücken. **erledigt hatte**

b) Bevor er zu seinen Eltern zurückkehrte, ~~reiste~~ er um die ganze Welt.
war er um die ganze Welt **gereist**

c) Nachdem Jake ~~zurückkam~~, traf er seine Freunde.
zurückgekommen war

5 Setze die Sätze ins Futur I.

a) Jake und sein Freund Nathan sind auf dem Planeten Turon V.

b) Gemeinsam suchen sie nach den anderen Geschichtshütern.

c) Sie entdecken sie in den Fängen der bösen Worxs.

6 In welchem Tempus stehen die Verbformen? Kreuze an.

	Plusquam-perfekt	Perfekt	Präte-ritum	Präsens	Futur I	Futur II
ich bin gegangen	☐	☐	☐	☐	☐	☐
sie wird sehen	☐	☐	☐	☐	☐	☐
wir spielten	☐	☐	☐	☐	☐	☐
er hatte gegessen	☐	☐	☐	☐	☐	☐
sie schläft	☐	☐	☐	☐	☐	☐
ich werde gerannt sein	☐	☐	☐	☐	☐	☐

Lösungen

5 a) Jake und sein Freund Nathan **werden** auf dem Planeten Turon V **sein**.

b) Gemeinsam **werden** sie nach den anderen Geschichtshütern **suchen**.

c) Sie **werden** sie in den Fängen der bösen Worxs **entdecken**.

6

	Plusquam-perfekt	Perfekt	Präte-ritum	Präsens	Futur I	Futur II
ich bin gegangen	☐	☒	☐	☐	☐	☐
sie wird sehen	☐	☐	☐	☐	☒	☐
wir spielten	☐	☐	☒	☐	☐	☐
er hatte gegessen	☒	☐	☐	☐	☐	☐
sie schläft	☐	☐	☐	☒	☐	☐
ich werde gerannt sein	☐	☐	☐	☐	☐	☒

Beschreiben

Eine **Beschreibung** hat das Ziel,
einen Gegenstand, ein Tier, ein Bild, eine Person oder einen Vorgang so darzustellen, dass der Leser eine genaue Vorstellung davon bekommt.

Bei einer **Vorgangsbeschreibung** wird ein Vorgang so beschrieben, dass er für den Leser verständlich und genau nachvollziehbar ist. Nach dem Lesen der Beschreibung soll der Leser in der Lage sein, den Vorgang selbstständig ausführen zu können.

Du kannst dich bei der Vorgangsbeschreibung an folgenden Aufbau halten:

Einleitung

- Nennen des Vorgangs/der Tätigkeit, die beschrieben wird
- benötigte Materialien/Zutaten und eventuell nötige Vorbereitungen

Hauptteil

- genaue Beschreibung der einzelnen Arbeitsschritte
- Darstellung in der zeitlich richtigen Reihenfolge
- wenn nötig, Begründung/Folgen einzelner Arbeitsschritte
- Beantwortung der Leitfragen: Was? Wie? Zu welchem Zweck?

Schluss

- Ergebnis des Vorgangs
- Ratschläge und hilfreiche Tipps
- mögliche Abänderungen/Variationen (z. B. bei Kochrezepten)

So gelingt deine Vorgangsbeschreibung:

✓ Schreibe im **Präsens**.

✓ Verfasse die Beschreibung in **sachlicher Sprache**.

✓ Achte auf eine korrekte **zeitliche Abfolge** der Arbeitsschritte.

✓ Beschreibe **jeden Arbeitsschritt** möglichst genau.

✓ Verbinde die Sätze mit **Überleitungen** (z. B. zunächst, dann, schließlich).

✓ Vermeide **Vermutungen** und unnötige **Ausschmückungen**.

✓ Verwende sprachlich **abwechslungsreiche Formulierungen**.

Aufgepasst ...

!

In einer Vorgangsbeschreibung kommt es oft zu einer **Häufung des Pronomens „man“** (man markiert ..., man pumpt ...). Das ist sprachlich unschön. Es gibt mehrere Möglichkeiten, um die Wiederholung von „man“ zu **vermeiden:**

- **Imperativ** (Befehlsform): Markiere die kaputte Stelle.
- **Nominalisierung:** Durch das Markieren der kaputten Stelle ...
- **Passiv:** Die kaputte Stelle wird markiert.
- **unpersönliche Formulierung:** Es ist ratsam, die kaputte Stelle zu markieren.

Einen Fahrradschlauch flicken

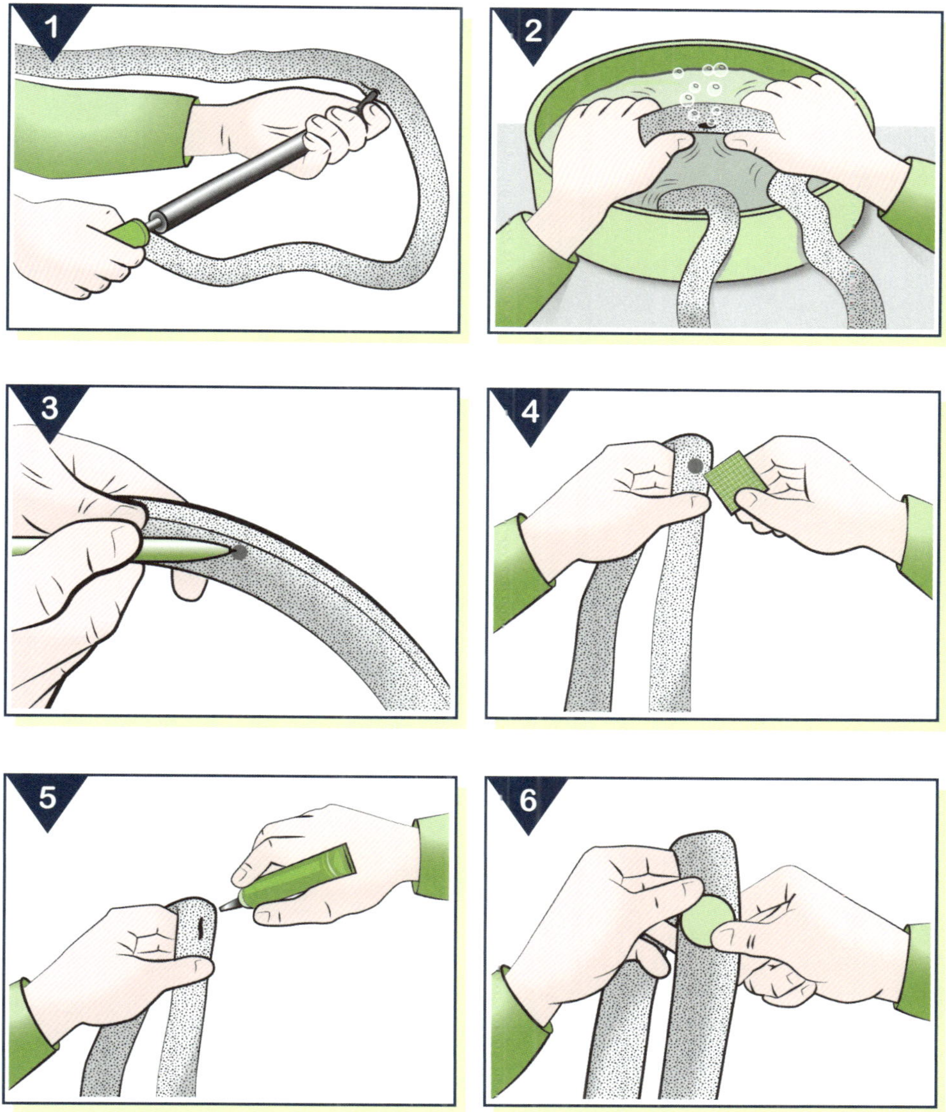

1 Bringe die Arbeitsschritte zum Flicken eines Fahrradschlauchs in die richtige zeitliche Reihenfolge, indem du vor jedem Arbeitsschritt die dazu passende Bildnummer (siehe S. 107) notierst.

- ☐ Raue den Schlauch rund um das Loch mit Sandpapier auf.
- ☐ Pumpe den Schlauch auf und schraube das Ventil zu.
- ☐ Ziehe die Folie vom Flicken ab und drücke ihn fest auf das Loch.
- ☐ Markiere die Stelle, an der das Loch ist, mit einem Stift.
- ☐ Trage den Kleber auf, verstreiche ihn mit dem Finger und warte einige Minuten, bis er sich trocken anfühlt.
- ☐ Tauche den Schlauch Stück für Stück ins Wasser, um das Loch zu finden. Dort wo das Loch ist, steigen Luftblasen auf.

2 Lies den Anfang der Vorgangsbeschreibung. Hältst du ihn für gelungen? Kreuze an.

- ☐ Ja, die ersten Schritte werden verständlich beschrieben.
- ☐ Nein, die Beschreibung ist unverständlich.

Einen Fahrradschlauch flicken

Um ein Loch in einem Fahrradschlauch flicken zu können, benötigt man ein handelsübliches Flickset.
Suche zuerst nach dem Loch, indem du den prall aufgepumpten Schlauch in einen Behälter legst. An der Stelle, an der Bläschen aufsteigen, ist das Loch. Wenn du das Loch gefunden hast, markierst du die Stelle am besten, damit du weißt, wo du später den Flicken aufsetzen musst.

Lösungen

1

- [4] Raue den Schlauch rund um das Loch mit Sandpapier auf.
- [1] Pumpe den Schlauch auf und schraube das Ventil zu.
- [6] Ziehe die Folie vom Flicken ab und drücke ihn fest auf das Loch.
- [3] Markiere die Stelle, an der das Loch ist, mit einem Stift.
- [5] Trage den Kleber auf, verstreiche ihn mit dem Finger und warte einige Minuten, bis er sich trocken anfühlt.
- [2] Tauche den Schlauch Stück für Stück ins Wasser, um das Loch zu finden. Dort wo das Loch ist, steigen Luftblasen auf.

2

- ☐ Ja, die ersten Schritte werden verständlich beschrieben.
- ☒ Nein, die Beschreibung ist unverständlich.

! Die Bearbeitung von Aufgabe 3 (nächste Seite) hilft dir dabei, herauszufinden **warum** die Beschreibung unverständlich ist.

3 Welche Kriterien einer gelungenen Vorgangsbeschreibung wurden in der Beschreibung von Aufgabe 2 erfüllt, welche nicht? Kreuze an.

	erfüllt	nicht erfüllt
Die Beschreibung ist durchgehend im Präsens verfasst.	☐	☐
Alle benötigten Gegenstände werden in der Einleitung genannt.	☐	☐
Auf unnötige Ausschmückungen wird verzichtet.	☐	☐
Auf umgangssprachliche Ausdrücke wird verzichtet.	☐	☐
Alle Arbeitsschritte werden genau beschrieben.	☐	☐
Unnötige Wortwiederholungen werden vermieden.	☐	☐
Es gibt keine persönlichen Kommentare.	☐	☐

4 Notiere alle Materialien, die du zum Flicken eines Fahrradschlauchs benötigst.

____

____

5 Formuliere die Einleitung und die Schritte 1–3 der Vorgangsbeschreibung auf einem eigenen Blatt noch einmal aus. Achte dabei darauf, die Kriterien einer gelungenen Vorgangsbeschreibung einzuhalten.

Lösungen

3

	erfüllt	nicht erfüllt
Die Beschreibung ist durchgehend im Präsens verfasst.	☒	☐
Alle benötigten Gegenstände werden in der Einleitung genannt.	☐	☒
Auf unnötige Ausschmückungen wird verzichtet.	☒	☐
Auf umgangssprachliche Ausdrücke wird verzichtet.	☒	☐
Alle Arbeitsschritte werden genau beschrieben.	☐	☒
Unnötige Wortwiederholungen werden vermieden.	☐	☒
Es gibt keine persönlichen Kommentare.	☒	☐

4 Flickset, Luftpumpe, Stift, Behälter mit Wasser

5 *Lösungsvorschlag:*

Einen Fahrradschlauch flicken

Um ein Loch in einem Fahrradschlauch flicken zu können, benötigt man ein handelsübliches Flickset, eine Luftpumpe, einen Stift und einen mit Wasser gefüllten Behälter.
In einem ersten Schritt pumpst du den Schlauch auf und schließt das Ventil. Anschließend wird nach dem Loch gesucht, indem der prall aufgepumpte Schlauch Stück für Stück in einen mit Wasser gefüllten Behälter getaucht wird. An der Stelle, an der Luftbläschen aufsteigen, ist das Loch. Sieh es dir genau an und markiere die Stelle, damit du weißt, wo du später den Flicken aufsetzen musst.

6 Schreibe die Sätze so um, dass die „man“-Konstruktion vermieden wird.

Tipp: Auf der Rückseite des Merkblattes findest du sprachliche Alternativen, um die Wiederholung von „man“ zu vermeiden.

a) Man sucht nach dem Loch im Schlauch.

____

____

b) Man markiert die kaputte Stelle.

____

____

7 Vervollständige den zweiten Teil der Vorgangsbeschreibung, indem du in die Lücken passende Adverbien und Konjunktionen aus dem Wortspeicher einsetzt.

plötzlich	nun	dann	danach
sobald	nachdem	auf einmal	

______________ du die kaputte Stelle mit einem Stift markiert hast, wird die Umgebung des Lochs mithilfe des Sandpapiers aus dem Flickset aufgeraut, denn dadurch hält der Kleber besser. ______________ trägt man um das Loch eine kleine Menge Kleber auf. Verteile diesen mit deinem Finger auf einer Fläche, die etwas größer als das Loch selbst ist, und warte ______________ einige Minuten. ______________ sich der Kleber trocken anfühlt, ziehst du den Flicken von der Folie ab und drückst ihn fest auf das Loch.

______________ ist der Schlauch repariert und wieder einsatzbereit. Um bei jeder Fahrradtour gut gerüstet zu sein, ist es ratsam, immer ein Flickset mitzunehmen.

6 a) Suche das Loch im Schlauch. / Es wird nach dem Loch im Schlauch gesucht. / Es ist erforderlich, nach dem Loch im Schlauch zu suchen.

b) Markiere die kaputte Stelle. / Die kaputte Stelle wird markiert. / Es ist erforderlich, die kaputte Stelle zu markieren. / Die Markierung der kaputten Stelle ...

> Du siehst hier **verschiedene Möglichkeiten,** wie du die Sätze umformulieren kannst. Für deine Lösung ist eine der aufgeführten Varianten ausreichend.

7 **Nachdem** du die kaputte Stelle mit einem Stift markiert hast, wird die Umgebung des Lochs mithilfe des Sandpapiers aus dem Flickset aufgeraut, denn dadurch hält der Kleber besser. **Danach/Dann** trägt man um das Loch eine kleine Menge Kleber auf. Verteile diesen mit deinem Finger auf einer Fläche, die etwas größer als das Loch selbst ist, und warte **dann/danach** einige Minuten. **Sobald** sich der Kleber trocken anfühlt, ziehst du den Flicken von der Folie ab und drückst ihn fest auf das Loch.
Nun ist der Schlauch repariert und wieder einsatzbereit. Um bei jeder Fahrradtour gut gerüstet zu sein, ist es ratsam, immer ein Flickset mitzunehmen.

> Die Adverbien *plötzlich* und *auf einmal*, die im Wortspeicher stehen, erzeugen Spannung und sind daher für eine Beschreibung **ungeeignet**.

Lesen – Fabeln

Fabeln sind **kurze Erzählungen** mit folgenden **Merkmalen:**

Figuren in der Fabel

- Tiere mit menschlichen Eigenschaften
- Charakter der Tiere verändert sich im Verlauf der Fabel nicht

Themen

- typische menschliche Verhaltensweisen
- menschliche Schwächen, z.B. Neid, Gier, Eitelkeit

Absicht

- menschliche Verhaltensweisen werden auf unterhaltsame Art und Weise kritisiert
- Menschen wird dadurch ein Spiegel vorgehalten

Fabeln lassen sich meist in **drei Teile** untergliedern, wobei das (Streit-)Gespräch den größten Teil der Handlung einnimmt.

1. Ausgangssituation

- ► Einführung der Figuren
- ► Schilderung der Ausgangssituation/des Konflikts

2. Gespräch/Streit

- ► (Streit-)Gespräch zwischen den Figuren
- ► Aufzeigen der unterschiedlichen Verhaltensweisen der Tiere

3. Lösung/Lehre

- ► Auflösung des Konflikts
- ► Moral der Geschichte wird deutlich
- ► Belehrung der Leser

Aufgepasst ...

! Im **Handeln der Fabeltiere** kann jeder Leser seine **eigenen Charaktereigenschaften** wiederfinden. Da die Fabel allgemeingültig ist, schafft sie es, dem Leser eine Lehre zu erteilen, ohne ihn dabei bloßzustellen oder zu beleidigen.

Nicht immer sind Tiere die Hauptfiguren einer Fabel. Manchmal sind es auch andere Lebewesen, z.B. Pflanzen.

Übungen

1 Ordne den Fabeltieren ihre typischen Charaktereigenschaften zu, indem du jedes Tier mit den passenden Eigenschaften verbindest.

Esel	gutmütig, freundlich, nett
Bär	schnell, wendig, ängstlich
Hase	diebisch, besserwisserisch, eitel
Löwe	störrisch, dumm, faul
Fuchs	stark, stolz, mächtig
Rabe	listig, schlau, gerissen

2 Die folgende Fabel ist durcheinandergeraten. Sortiere die Textstücke, indem du die Zahlen 1 bis 5 in die Kästchen einträgst.

Der Rabe und der Fuchs

- ☐ Er lief eilig hinzu und begann den Raben zu loben: „O Rabe, was bist du für ein wunderbarer Vogel! Wenn dein Gesang ebenso schön ist wie dein Gefieder, dann sollte man dich zum König aller Vögel krönen!"
- ☐ Ein Rabe hatte einen Käse gestohlen, flog damit auf einen Baum und wollte dort seine Beute in Ruhe verzehren.
- ☐ Dem Raben taten diese Schmeicheleien so wohl, dass er seinen Schnabel weit aufsperrte, um dem Fuchs etwas vorzusingen.
- ☐ Da es aber der Raben Art ist, beim Essen nicht schweigen zu können, hörte ein vorbeikommender Fuchs den Raben über dem Käse krächzen.
- ☐ Dabei entfiel ihm der Käse. Den nahm der Fuchs behend[1], fraß ihn und lachte über den törichten[2] Raben.

1 behend: schnell
2 töricht: dumm

Lösungen

1

Esel	gutmütig, freundlich, nett
Bär	schnell, wendig, ängstlich
Hase	diebisch, besserwisserisch, eitel
Löwe	störrisch, dumm, faul
Fuchs	stark, stolz, mächtig
Rabe	listig, schlau, gerissen

2 **Der Rabe und der Fuchs**

3 Er lief eilig hinzu und begann den Raben zu loben: „O Rabe, was bist du für ein wunderbarer Vogel! Wenn dein Gesang ebenso schön ist wie dein Gefieder, dann sollte man dich zum König aller Vögel krönen!“

1 Ein Rabe hatte einen Käse gestohlen, flog damit auf einen Baum und wollte dort seine Beute in Ruhe verzehren.

4 Dem Raben taten diese Schmeicheleien so wohl, dass er seinen Schnabel weit aufsperrte, um dem Fuchs etwas vorzusingen.

2 Da es aber der Raben Art ist, beim Essen nicht schweigen zu können, hörte ein vorbeikommender Fuchs den Raben über dem Käse krächzen.

5 Dabei entfiel ihm der Käse. Den nahm der Fuchs behend, fraß ihn und lachte über den törichten Raben.

Quelle: Aesop: Der Rabe und der Fuchs

3 Welche typischen Eigenschaften treffen in der Fabel jeweils auf den Raben und den Fuchs zu? Umkreise die Eigenschaften, die auf den Raben zutreffen und unterstreiche die, die auf den Fuchs zutreffen.

Tipp: Manche Eigenschaften passen zu keinem der Tiere.

eitel nachdenklich ruhig dumm faul schlau

durchtrieben stur stolz klug mächtig

leichtgläubig gierig treu stark tollpatschig

4 ★ Was kann man aus der Fabel lernen? Schreibe die Lehre der Fabel „Der Rabe und der Fuchs" in einem Satz auf.

____

____

____

5 Märchen und Fabeln haben sowohl Gemeinsamkeiten als auch Unterschiede. Entscheide für jedes der folgenden Merkmale, ob es auf Märchen und/oder Fabeln zutrifft.
Kreuze an.

	Märchen	Fabel
Handlungsort und -zeit werden nicht genannt.	☐	☐
Tiere sind die Hauptfiguren der Geschichte.	☐	☐
Magische Wesen wie Hexen und Feen kommen vor.	☐	☐
Tiere nehmen menschliche Eigenschaften an.	☐	☐
Die Handlung lässt sich in drei Abschnitte einteilen.	☐	☐
Am Ende steht in der Regel eine Moral/Lehre.	☐	☐
Die Geschichte hat einen glücklichen Ausgang.	☐	☐

Lösungen

3

eitel nachdenklich ruhig dumm faul <u>schlau</u>

<u>durchtrieben</u> stur stolz <u>klug</u> mächtig

leichtgläubig <u>gierig</u> treu stark tollpatschig

4 *Lösungsvorschläge:*

★ Hüte dich vor Schmeichlern!

Manche Leute machen anderen Komplimente, um einen eigenen Nutzen daraus zu ziehen.

Nicht alle Komplimente sind ernst gemeint.

5

	Märchen	Fabel
Handlungsort und -zeit werden nicht genannt.	☒	☒
Tiere sind die Hauptfiguren der Geschichte.	☐	☒
Magische Wesen wie Hexen und Feen kommen vor.	☒	☐
Tiere nehmen menschliche Eigenschaften an.	☒	☒
Die Handlung lässt sich in drei Abschnitte einteilen.	☒	☒
Am Ende steht in der Regel eine Moral/Lehre.	☐	☒
Die Geschichte hat einen glücklichen Ausgang.	☒	☐

Der Löwe und das Mäuschen

Ein Mäuschen lief über einen schlafenden Löwen. Der Löwe erwachte und ergriff es mit seinen gewaltigen Tatzen.
„Verzeihe mir“, flehte das Mäuschen, „meine Unvorsichtigkeit, und schenke mir mein Leben, ich will dir ewig dafür dankbar sein. Ich habe dich nicht stören wollen.“
Großmütig schenkte er ihr die Freiheit und sagte lächelnd zu sich. wie will wohl ein Mäuschen einem Löwen dankbar sein.
Kurze Zeit darauf hörte das Mäuschen in seinem Loche das fürchterliche Gebrüll eines Löwen, lief neugierig dahin, von wo der Schall kam, und fand seinen Wohltäter in einem Netze gefangen. Sogleich eilte es herzu und zernagte einige Knoten des Netzes, sodass der Löwe mit seinen Tatzen das übrige zerreißen konnte.

6 ★ Lies die Fabel „Der Löwe und das Mäuschen“. Notiere für Löwe und Mäuschen je zwei Eigenschaften, die am Anfang der Fabel auf sie zutreffen. Im Verlauf der Fabel verändert sich die Situation der beiden Tiere. Mit welchen Eigenschaften können die Tiere am Ende der Fabel beschrieben werden? Schreibe je zwei Eigenschaften auf.

	Anfang der Fabel	Ende der Fabel
Löwe		
Mäuschen		

7 ★ Die Fabel ist nicht vollständig, da der letzte Teil (die Lösung bzw. Moral) fehlt. Ergänze den letzten Teil der Fabel. Schreibe 1–2 Sätze.

___

___

___

Lösungen

6

	Anfang der Fabel	**Ende der Fabel**
Löwe	mächtig, stark, gütig, überheblich, großmütig, überlegen	hilflos, verzweifelt, „schwach“
Mäuschen	ängstlich, dankbar, unterwürfig, schwach	flink, geschickt, hilfsbereit, überlegen

7 *Lösungsvorschläge:*

Auf diese Weise hat das Mäuschen den Löwen gerettet und sich damit bei ihm für seine Großmütigkeit bedankt.

Trotz seiner körperlichen Unterlegenheit konnte das Mäuschen dem Löwen in dieser Situation helfen und sich so bei ihm für seine Großmütigkeit bedanken.

Quelle: Aesop: Der Löwe und das Mäuschen

Zeichensetzung

Mithilfe der **Zeichensetzung** sollen geschriebene Texte strukturiert und besser lesbar gemacht werden. Dadurch werden sie für den Leser verständlicher.

Kommasetzung

Hauptsatz + Hauptsatz

Zwei Hauptsätze lassen sich durch ein Komma verbinden.

Beispiel: Joe spielt Fußball**,** Sebastian spielt Halma.

Hauptsatz + Nebensatz

Nebensätze werden durch Kommas vom Hauptsatz abgetrennt.

Beispiele: Das Mädchen kann schnell laufen**,** weil es hart trainiert.
Das Mädchen**,** das so schnell läuft**,** trainiert hart.

Aufzählungen

Zwischen die einzelnen Elemente einer Aufzählung werden Kommas gesetzt.

Beispiel: Bei Oma gab es Kaiserschmarrn**,** Salat**,** Käsespätzle und Kuchen.

Zeichensetzung bei der wörtlichen Rede

Die wörtliche Rede wird durch Anführungszeichen gekennzeichnet. Man setzt sie einmal zu Beginn der gesprochenen Worte und einmal am Ende.

Vorangestellter Begleitsatz

Der Begleitsatz leitet die wörtliche Rede ein und wird durch einen Doppelpunkt von ihr abgetrennt.

Beispiel: Sina schrie**:** **„**Sei doch vorsichtig!**“**

Eingeschobener Begleitsatz

Der Begleitsatz wird durch zwei Kommas von der wörtlichen Rede getrennt.

Beispiel: **„**Oh nein**“,** schrie Sina**,** **„**sei doch vorsichtig!**“**

Nachgestellter Begleitsatz

Nach der wörtlichen Rede kommt ein Komma, anschließend folgt der Begleitsatz.

Achtung: Bei einem nachgestellten Begleitsatz entfällt der Schlusspunkt in der wörtlichen Rede. Ausrufezeichen und Fragezeichen bleiben immer stehen.

Beispiele: **„**Du musst vorsichtig sein**“,** sagte Sina leise.
„Sei doch vorsichtig**!“,** schrie Sina.
„Bist du vorsichtig**?“,** fragte Sina.

Aufgepasst ...

Vor den folgenden Konjunktionen (Bindewörtern) wird **kein Komma** gesetzt:

- und
- oder
- sowie
- weder … noch
- entweder … oder
- sowohl … als auch

1 ★ In jedem Absatz des Textes fehlt genau ein Komma. Ergänze die fehlenden Kommas.

Friedolin findet einen Schatz

Feldmaus Friedolin war auf dem Heimweg. Es war schon spät und Friedolin musste sich beeilen damit er nicht zu spät zum Abendbrot kam. Seine Mäusemama würde sonst sehr böse sein.

Plötzlich sah Friedolin hinter einem Löwenzahn etwas leuchten. Die kleine Feldmaus zögerte kurz schließlich war es schon spät.

Dann rannte die kleine Feldmaus schnell zu der Blume schob ein Blatt beiseite und da lag er: Ein riesiger, goldgelber Maiskolben!

Natürlich würde Friedolin nun zu spät nach Haus kommen aber mit so einem Schatz im Gepäck würde ihm niemand böse sein.

2 Setze bei den Aufzählungen in den folgenden Sätzen die Kommas an der richtigen Stelle.

a) Friedolin nahm den goldgelben Maiskolben zu Hause aus seinem kleinen Beutel zeigte ihn seiner Familie und lächelte.

b) Staunend öffneten sein Vater Hugo seine Mutter Frieda und sein Bruder Finn ihre Augen klatschten in die Hände und strahlten vor Freude.

c) Hugo rief der Familie zu, dass sie für dieses Festmahl die Küche aufräumen das beste Geschirr herausholen und den Tisch festlich decken soll.

d) Der Maiskolben war so groß, dass die Mäusefamilie am Montag Dienstag Mittwoch Donnerstag und Freitag davon essen konnte.

Lösungen

1 **Friedolin findet einen Schatz**

★ Feldmaus Friedolin war auf dem Heimweg. Es war schon spät und Friedolin musste sich beeilen**,** damit er nicht zu spät zum Abendbrot kam. Seine Mäusemama würde sonst sehr böse sein.

Plötzlich sah Friedolin hinter einem Löwenzahn etwas leuchten. Die kleine Feldmaus zögerte kurz**,** schließlich war es schon spät.

Dann rannte die kleine Feldmaus schnell zu der Blume**,** schob ein Blatt beiseite und da lag er: Ein riesiger, goldgelber Maiskolben!

Natürlich würde Friedolin nun zu spät nach Haus kommen**,** aber mit so einem Schatz im Gepäck würde ihm niemand böse sein.

Quelle: Im Internet unter: http://100woerter.de/100-woerter-geschichte-feldmaus-friedolin-findet-einen-schatz/ abgerufen am 08. 06. 2017, aus didaktischen Gründen leicht gekürzt und verändert.

2

a) Friedolin nahm den goldgelben Maiskolben zu Hause aus seinem kleinen Beutel**,** zeigte ihn seiner Familie und lächelte.

b) Staunend öffneten sein Vater Hugo**,** seine Mutter Frieda und sein Bruder Finn ihre Augen**,** klatschten in die Hände und strahlten vor Freude.

c) Hugo rief der Familie zu, dass sie für dieses Festmahl die Küche aufräumen**,** das beste Geschirr herausholen und den Tisch festlich decken soll.

d) Der Maiskolben war so groß, dass die Mäusefamilie am Montag**,** Dienstag**,** Mittwoch**,** Donnerstag und Freitag davon essen konnte.

3 Der Redebegleitsatz kann an verschiedenen Stellen stehen. Formuliere den Begleitsatz und die wörtliche Rede so um, dass der Begleitsatz jede Position einmal einnimmt.

Begleitsatz: Friedolin sagte
wörtliche Rede: „Ich habe einen Schatz gefunden."

Vorangestellter Begleitsatz: ____

____

Eingeschobener Begleitsatz: ____

____

Nachgestellter Begleitsatz: ____

____

4 ★ Ergänze alle fehlenden Satzzeichen.

Spricht die Maus zum Elefanten: Elefant, komm mal aus dem Wasser heraus

Der Elefant sagt: Nein, ich schwimme gerade so schön

Bitte, Elefant antwortet die Maus.

Der Elefant ist allmählich genervt von der Maus und kommt aus dem Wasser heraus.

Die Maus blickt kurz auf. Gut spricht sie dann du kannst wieder reingehen. Ich wollte nur sehen, ob du meine Badehose anhast

Lösungen

3 Vorangestellter Begleitsatz:
Friedolin sagte: „Ich habe einen Schatz gefunden."

Eingeschobener Begleitsatz:
„Ich habe", sagte Friedolin, „einen Schatz gefunden."

Nachgestellter Begleitsatz:
„Ich habe einen Schatz gefunden", sagte Friedolin.

4 ★ Spricht die Maus zum Elefanten: **„**Elefant, komm mal aus dem Wasser heraus**!"**

Der Elefant sagt: **„**Nein, ich schwimme gerade so schön**."**

„Bitte, Elefant**!",** antwortet die Maus.

Der Elefant ist allmählich genervt von der Maus und kommt aus dem Wasser heraus.

Die Maus blickt kurz auf. **„**Gut**",** spricht sie dann**,** **„**du kannst wieder reingehen. Ich wollte nur sehen, ob du meine Badehose anhast**."**